1일 1독해

세상을 바꾼 인물 100

2 과학·기술

"하루 15분" 똑똑한 공부 습관

1일 1독해

초판 2쇄	2023년 5월 19일
초판 1쇄	2022년 8월 22일
펴낸곳	메가스터디(주)
펴낸이	손은진
개발 책임	김문주
개발	최성아
글	전희정
그림	오승만
디자인	이정숙, 주희연, 이솔이
제작	이성재, 장병미
사진 제공	위키미디어, Shutterstock.com, 한국민족문화대백과사전, 서울대학교 규장각한국학연구원, 대통령기록관, Biodiversity Heritage Library, 위키백과, 손기정기념관
주소	서울시 서초구 효령로 304(서초동) 국제전자센터 24층
대표전화	1661.5431
홈페이지	http://www.megastudybooks.com
출판사 신고 번호	제 2015-000159호
출간제안/원고투고	writer@megastudy.net

일러두기

· 맞춤법과 띄어쓰기는 국립국어원에서 펴낸 《표준국어대사전》을 기준으로 삼되, 초등학교 교과서의 표기를 참고했습니다.
· 외국의 인명과 지명은 국립국어원에서 펴낸 《외래어 표기법》을 따랐습니다.
· 본 저작물은 공공누리 제1유형에 따라 공공 저작물을 이용하였습니다.

1일 1독해

세상을 바꾼
인물 100

2 과학·기술

정답과 해설

1 일차

세종 대왕

백성을 위해 우리 글자를 만들다

8~9쪽

1 집현전 **2** 윤하, 지유 **3** 훈민정음 **4** ③

1 1문단에 세종이 학자들을 집현전에서 일하게 했다는 내용이 나와요. 성균관은 조선 시대에 유학의 교육을 맡아보던 기관이에요.

2 신하들이 새로운 글자를 만들자는 의견을 냈다는 내용은 나오지 않아요.

3 5문단에 세종이 '백성을 가르치는 바른 소리'라는 뜻의 '훈민정음'을 만들었다는 내용이 나와요.

4 ①은 5문단에, ②는 마지막 문단에, ④는 3문단에 나와요. 훈민정음은 28자로 세상의 모든 소리를 소리 나는 대로 적을 수 있어요.

2 일차

장영실

조선의 시계를 만들다

10~11쪽

1 자격루 **2** (1) 혼천의 (2) 측우기 **3** ① **4** 해시계, 24절기

1 3문단에 장영실이 자동 물시계인 '자격루'를 만들었다는 내용이 나와요.

2 마지막 문단에 장영실이 만든 발명품들이 나와 있어요.

3 ②, ③, ④는 모두 3문단에 나와요. 농사에 필요한 24절기까지 함께 알 수 있는 시계는 해시계인 '앙부일구'예요.

4 마지막 문단에 장영실이 그림자로 시간을 알 수 있는 해시계 앙부일구를 만들었고, 앙부일구는 농사에 필요한 24절기까지도 알 수 있다는 내용이 나와요.

3 일차

이순신

왜군으로부터 조선을 지키다

12~13쪽

1 농사를 지어 쌀을 나누어 주었어요. **2** ③ **3** 학익진 **4** 거북선, 전술

1 2문단에 이순신이 전라 좌수사가 되고 나서 왜군의 침입에 대비하기 위해 한 일이 나와요. 농사를 지어 쌀을 나누어 주었다는 내용은 나오지 않아요.

2 ①, ②, ④는 모두 3문단에 나와요. 거북선은 몸체는 거북 모양이고 앞부분에 용머리가 달려 있어요.

3 4문단에 이순신이 한산도 대첩에서 학익진 전법으로 왜군을 물리쳤다는 내용이 나와요.

4 마지막 문단에 이순신이 목숨을 잃기 전까지 거북선과 뛰어난 전술로 수많은 해전을 승리로 이끌었다는 내용이 나와요.

4 일차

정약용

백성을 위해 수원 화성을 쌓다

14~15쪽

1 ① **2** 도르래, 거중기 **3** 거중기, 품삯 **4** 연우, 현정

1 ②는 마지막 문단에, ③은 1문단에, ④는 2문단에 나와요. 정약용은 다른 나라의 과학 기술이나 새로운 학문에 관심이 많았어요.

2 2문단에 정약용이 도르래의 원리를 이용해 거중기를 만들었다는 내용이 나와요.

3 4문단에 정약용이 만든 거중기와 품삯을 받은 백성들이 열심히 일한 덕분에 수원 화성의 공사 기간이 줄어들었다고 나와요.

4 3문단에 당시에는 나랏일에 동원된 백성들에게 품삯을 주지 않고 일을 시켰다는 내용이 나와요.

5 일차

김정호

지도에 큰 세상을 그리다

16~17쪽

1 ② 2 〈대동여지도〉 3 (1) × (2) ○ (3) ○ (4) ○
4 (순서대로) 지역의 현황과 역사를 소개한 지리책 / 조선 후기의 한양을 그린 지도 / 전국의 지리 정보를 나타낸 지도

1 2문단에 김정호가 조선의 지도와 지리에 대한 자료를 수집하고 연구하며 부족한 부분을 채워 가며 지도를 만들었다는 내용이 나와요.

2 3문단에 김정호가 조선 시대에서 가장 정확한 지도로 평가되는 〈대동여지도〉를 만들었다는 내용이 나와 있어요.

3 〈대동여지도〉는 금속판이 아니라 목판에 새겨 제작했어요.

4 마지막 문단에 김정호가 만든 지도와 지리책에 대한 내용이 나와 있어요.

1 주차

독해력 완성하기

18~19쪽

1 (1) ㉡, ㉣ (2) ㉠, ㉤ (3) ㉢, ㉥ 2 훈민정음 3 ② 4 판자, 용머리, 대포
5 (순서대로) 세종의 명으로 다양한 과학 기구를 만들었어요. / 자료를 연구하여 정확한 지도를 만들었어요. / 정조의 명을 받아 수원 화성을 설계했어요. 6 이순신

1 〈대동여지도〉와 〈청구도〉는 김정호가 만든 지도예요. 거중기와 《목민심서》는 정약용과 관련 있으며, 자격루와 앙부일구는 장영실의 발명품이에요.

2 훈민정음의 뜻과 장점에 대한 글로, 중심 낱말은 '훈민정음'이에요.

3 이 글은 거중기의 원리와 효과를 설명한 글이에요.

4 판옥선은 갑판에 기둥을 세우고, 판자로 덮어 만든 배예요. 몸체는 거북 모양이고 앞에는 용머리가 달려 있는 거북선은 사방에서 대포를 쏠 수 있어 적진을 파고들며 공격할 수 있어요.

5 장영실은 과학 기구를, 김정호는 지도를 만들었고, 정약용은 수원 화성을 설계했어요.

6 이순신의 업적인 명량 대첩에 대해 설명하고 있어요.

6 일차

갈릴레오 갈릴레이

망원경으로 우주의 진리를 깨우치다

22~23쪽

1 지구 **2** ①, ④ **3** 코페르니쿠스, 갈릴레이 - 지동설 / 로마 교황청 - 천동설
4 ③

1 천동설은 지구가 우주의 중심이고, 모든 천체가 지구 주위를 돈다는 주장이에요.

2 ①, ④는 3문단에 나와요. ②, ③은 갈릴레이가 망원경을 통해 발견한 것이 아니에요.

3 코페르니쿠스와 갈릴레이는 지동설을 주장했고, 로마 교황청은 천동설을 주장했어요.

4 ①, ②, ④는 모두 4문단에 나와요. 갈릴레이는 처음에는 천동설을 믿었지만, 망원경으로 우주를 관측한 뒤 지동설을 믿게 되었어요.

7 일차

아이작 뉴턴

끌어당기는 힘, 만유인력을 발견하다

24~25쪽

1 사과가 아래로 떨어지는 이유가 궁금했어요. **2** ③ **3** 석희 **4** 《프린키피아》

1 2문단에 뉴턴이 사과가 왜 아래로 떨어지는지 궁금해 하는 내용이 나와요.

2 ①은 1문단에, ②는 2문단에, ④는 마지막 문단에 나와요. 3문단을 보면 당시 사람들은 빛이 흰색이라고 믿었지만 뉴턴은 달랐다고 나와 있어요.

3 지구에는 물체를 끌어당기는 힘인 중력이 있어 물체가 아래로 떨어져요. 물체의 무게에 따라 떨어지는 방향이 달라지는 것은 아니에요.

4 마지막 문단에 뉴턴이 《프린키피아》라는 책을 펴내어, 만유인력의 법칙을 세상에 처음으로 알렸다는 내용이 나와요.

8 일차

찰스 다윈

진화의 근거를 찾아내다

26~27쪽

1 갈라파고스 제도, 진화론 **2** ② **3** 《종의 기원》 **4** ④

1 3~5문단에 다윈이 갈라파고스 제도에서 가져온 새들을 연구한 것을 바탕으로 '진화론'을 발표했다는 내용이 나와요.

2 4문단에 핀치새의 부리 모양이 서로 다른 것은 섬에서 구할 수 있는 먹이가 다르기 때문이라는 내용이 나와요.

3 5문단에 다윈이 《종의 기원》이라는 책을 통해 진화론을 발표했다는 내용이 나와요.

4 ①은 2문단에, ②는 4문단에, ③은 5문단에 나와요. 다윈의 진화론을 처음 접한 사람들은 다윈을 비판했어요. 진화론이 발표되자마자 옳다고 믿지는 않았어요.

9 일차

토머스 에디슨

백열전구로 세상을 밝히다

28~29쪽

1 ④ **2** 백열전구 **3** 텔레비전 **4** ③

1 ①, ②, ③은 모두 1문단에 나와요. 에디슨이 곤충을 채집하거나 동식물을 관찰하길 좋아했다는 내용은 이 글에 나오지 않아요.

2 4문단에 에디슨이 발명한 백열전구 덕분에 밤에도 환하게 불을 켤 수 있었다는 내용이 나와요.

3 에디슨의 발명품은 3, 5문단에 나와 있어요. 에디슨은 축음기, 백열전구, 영사기를 발명했어요. 텔레비전을 발명한 사람은 존 베어드예요.

4 ①, ②는 3문단에, ④는 4문단에 나와요. 에디슨은 수천 번의 실패를 거듭한 끝에 백열전구를 만들 수 있었어요.

10 일차

알프레드 노벨

다이너마이트를 발명하다

30~31쪽

1 폭약이 액체로 되어 있어 작은 충격에도 쉽게 터졌기 때문에 **2** 규조토
3 다이너마이트 **4** ①

1 2문단에 당시의 폭약이 액체로 되어 있어 쉽게 터졌다는 내용이 나와요.

2 3문단에 노벨이 액체 폭약에 규조토를 섞어 안전한 고체 폭약을 만들었다는 내용이 나와요.

3 3, 4문단에 노벨이 '강하다'라는 뜻의 '다이너마이트'라고 이름 지은 폭약을 발명하고, 폭발력이 강한 다이너마이트가 전쟁에서 무기로 사용되었다는 내용이 나와요.

4 마지막 문단에 노벨이 전 재산을 기부한 이유가 나와 있어요.

2주차 독해력 완성하기

32~33쪽

1 결과 **2** (1) ㉢ (2) ㉡ (3) ㉠ **3** ① **4** ③ **5** ㉢ **6** ②

1 '원인'은 '어떤 사물이나 상태를 변화시키는 근본이 된 일'을 뜻하는 말로, 반대의 뜻을 가진 낱말은 '어떤 원인으로 결말이 생김'이라는 뜻의 '결과'예요.

2 갈릴레이는 지동설을, 다윈은 진화론을 주장했고, 뉴턴은 만유인력의 법칙을 세상에 알렸어요.

3 첫 문장을 보면 갈릴레이도 처음에는 지구가 우주의 중심이라고 생각하는 천동설을 믿었음을 알 수 있어요.

4 중력은 지구가 물체를 끌어당기는 힘이에요.

5 이 글은 에디슨이 발명한 백열전구에 대한 내용으로, 중심 낱말은 '백열전구'예요.

6 셋째 줄을 보면 시상식은 노벨이 죽은 날인 12월 10일에 열려요.

11 일차

장 앙리 파브르

살아 있는 곤충을 관찰하다

36~37쪽

1 (1) ○ (2) × (3) ○ **2** 살아 있는, 끈기 있게 **3** ①, ② **4** 곤충, 관찰

1 파브르가 진노래기벌에 대해 알아낸 사실은 2문단에 나와 있어요. 진노래기벌은 비단벌레를 바로 죽이지 않고, 마비만 시킨다고 했어요.

2 3문단에 파브르가 살아 있는 곤충을 끈기 있게 지켜봤다는 내용이 나와요.

3 3문단에 파브르의 연구 방법이 나와요. 파브르는 다른 곤충학자들과 달리 살아 있는 곤충을 관찰했고, 날씨가 궂어도 아랑곳하지 않았어요.

4 마지막 문단에 파브르가 곤충의 행동과 생태를 관찰하고 연구하여 《곤충기》라는 책을 펴냈다는 내용이 나와요.

12 일차

석주명

나비에게 우리말 이름을 찾아 주다

38~39쪽

1 ③ **2** 《조선산 나비 총목록》 **3** (1) ○ (2) ○ (3) ○ (4) × **4** ③

1 ①, ②, ④는 2문단에 나와요. 나비를 크기별로 한 상자에 담아 한꺼번에 보관했다는 내용은 나오지 않아요.

2 3문단에 석주명이 우리나라에 사는 모든 나비에 대해 기록한 《조선산 나비 총목록》이라는 책을 발표했다는 내용이 나와요.

3 석주명은 우리나라 나비에 영어 이름이 아니라 우리말 이름을 붙였어요.

4 몸에 파란색 띠(청띠)를 두르고 있는 나비의 이름은 '청띠신선나비'라는 것을 알 수 있어요.

13 일차

루이 파스퇴르

보이지 않는 미생물을 찾아내다

40~41쪽

1 미생물 **2** 면역력 **3** 백신 **4** 연아, 준수

1 2문단에 파스퇴르가 포도주가 상하는 원인이 미생물 때문이라는 것을 밝혀냈다는 내용이 나와요.

2 3문단에 파스퇴르가 약하게 만든 콜레라균을 이용해 콜레라에 대한 면역력이 생기는 방법을 발견했다는 내용이 나와요.

3 약하게 만든 세균을 '백신'이라고 한다는 내용이 4문단에 나와요.

4 파스퇴르는 세균이 공기 중에서 저절로 생겨나는 것이 아니라는 사실을 실험을 통해 증명했고, 포도주를 낮은 온도에서 잠깐 끓이면 미생물을 없앨 수 있다는 것을 알아냈어요.

14 일차

마리 퀴리

폴로늄과 라듐을 발견하다

42~43쪽

1 ④ **2** 방사선 **3** 2, 3, 4, 1 **4** 라듐

1 ①, ②는 1문단에, ③은 3문단에 나와요. 마지막 문단에 마리 퀴리가 남편과 함께 노벨 물리학상을 받았다고 나와 있어요.

2 3문단에 방사선은 암을 치료하거나 음식물에 있는 세균을 죽이는 데 사용되는 물질이라는 내용이 나와요.

3 마리 퀴리는 피에르 퀴리를 만나 결혼한 뒤, 남편과 함께 연구하여 폴로늄과 라듐을 발견했어요. 이 발견으로 노벨 물리학상을 받았고, 남편이 사망한 후 노벨 화학상을 받았어요.

4 마리 퀴리는 강한 빛을 내는 물질인 '폴로늄'과 '라듐'을 발견했어요.

15 일차

권기옥

꿈을 좇아 하늘을 날아오르다

44~45쪽

1 비행사 **2** 조선의 독립을 위해 비행사가 되겠다고 찾아온 용기를 높이 사서 **3** ④
4 중국, 독립운동

1 2문단에 권기옥이 미국인 비행사 스미스의 곡예비행을 보고 비행사가 되기로 마음 먹었다는 내용이 나와요.

2 3문단에 윈난 육군항공학교 교장이 조선의 독립을 위해 비행사가 되겠다고 먼 길을 찾아온 권기옥의 용기를 높이 사 입학을 허락했다는 내용이 나와요.

3 ①, ②는 3문단에, ③은 4문단에 나와요. 권기옥은 비행사가 된 뒤에 중국에서 독립운동을 했고, 해방 이후에 우리나라로 돌아왔어요.

4 4문단에 권기옥이 중국에서 비행사로 일하며 독립운동에 힘썼다는 내용이 나와요.

3주차 독해력 완성하기

46~47쪽

1 ② **2** (순서대로) 우리나라 나비에 우리말로 이름을 붙였어요. / 우리나라 최초의 여성 비행사가 되었어요. / '폴로늄'과 '라듐'을 발견했어요. **3** ④ **4** ④ **5** ① **6** ③

1 곤충 - 동물은 포함되는 말과 포함하는 말의 관계로, 비슷한 관계는 수박 - 과일이에요.

2 석주명은 우리나라 나비에 우리말로 이름을 붙였어요. 권기옥은 우리나라 최초의 여성 비행사이고, 마리 퀴리는 '폴로늄'과 '라듐'을 발견한 과학자예요.

3 책을 읽고 호기심이 생긴 파브르는 비단벌레가 썩지 않는 이유를 알아보았어요.

4 파스퇴르가 세균을 찾기 위해 아프리카로 갔다는 내용은 나오지 않아요.

5 이 글은 권기옥이 비행사가 되기 위해 노력한 내용이에요.

6 첫째 줄에 매미의 수컷이 암컷을 유혹하기 위해 내는 울음소리는 종마다 다르다고 나와 있어요.

16 일차

루이 브라유

여섯 개의 점으로 어둠을 밝히다

50~51쪽

1 글자 모양 그대로, 어려웠어요. **2** 브라유 점자 **3** ①, ④ **4** ①

1 2문단에 돋음 문자는 글자 모양 그대로 종이 위에 새긴 문자이고, 손으로 더듬어 읽어 내기가 어렵다는 내용이 나와요.

2 루이 브라유는 시각 장애인이 쉽게 글을 읽을 수 있도록 '브라유 점자'를 발명했어요.

3 ①은 2문단, ④는 3문단에 나와요. 아버지가 앞을 볼 수 없었다는 내용이나 군인들이 쓰는 암호 문자를 만들고 싶었다는 내용은 나오지 않아요.

4 6개의 점으로 알파벳 26자를 표기할 수 있는 브라유 점자는 읽기도 쉽고 쓰기도 쉬우며, 수학이나 음악 기호도 표기할 수 있어요.

17 일차

라이트 형제

하늘의 문을 열다

52~53쪽

1 ② **2** (1) ○ (2) ○ (3) × **3** 방향 조절 장치 **4** 플라이어호

1 ①은 1문단에, ④는 3문단에 나와요. 하늘을 날아 유명해지고 싶었다는 내용은 나오지 않아요.

2 비행기가 하늘을 날려면 날개와 엔진과 방향 조절 장치가 필요했어요. 바람의 힘으로만 날지는 않았어요.

3 3문단에 라이트 형제가 새가 하늘을 나는 모습을 참고하여 방향 조절 장치를 만들었다는 내용이 나와요.

4 3문단에 라이트 형제가 만든 비행기에 '플라이어호'라고 이름 붙였다는 내용이 나와요.

18 일차

닐 암스트롱

인류 최초로 달을 밟다

54~55쪽

1 미국 항공 우주국 **2** 아폴로 11호 **3** ① **4** 우정

1 2문단에 암스트롱이 미국 항공 우주국에 들어가 우주 비행사가 되기 위한 훈련에 참여했다는 내용이 나와요.

2 4문단에 암스트롱이 아폴로 11호를 타고 우주로 날아갔고, 인류 최초로 달 착륙에 성공했다는 내용이 나와요.

3 ②, ③, ④는 마지막 문단에 나와요. 무중력 상태에 적응하기 위한 훈련은 암스트롱이 우주 비행사가 되기 위해 받은 훈련이에요.

4 소련보다 미국이 먼저 달에 유인 탐사선을 보냈고, 이때 우주 비행사인 암스트롱이 아폴로 11호를 타고 인류 최초로 달 착륙에 성공했어요.

19 일차

알베르트 아인슈타인

시간과 공간의 비밀을 밝히다

56~57쪽

1 시간과 공간, 빛 **2** ①, ④ **3** 상대성 이론 **4** (1) ○ (2) × (3) ○

1 3, 4문단에 아인슈타인이 빛과 시간과 공간에 관심을 가졌다는 것이 나와요. 소리에 관심을 가졌다는 내용은 나오지 않아요.

2 ①, ④는 4문단에 나와요. 아인슈타인은 물체가 빛보다 더 빠를 수는 없다고 했고, 시간과 공간은 모든 상황에서 일정하게 흐르지 않고 상대적이라고 했어요.

3 아인슈타인은 시간과 공간의 관계에 대한 이론인 '상대성 이론'을 밝혔어요.

4 블랙홀이 우주에서 발견되면서 아인슈타인의 이론이 맞았다는 것이 증명되었어요.

20 일차

스티븐 호킹

신비한 블랙홀의 비밀을 밝혀내다

58~59쪽

1 그림 그리기를 좋아했어요. **2** 루게릭병 **3** ②, ④ **4** 《시간의 역사》

1 호킹이 그림 그리기를 좋아했다는 내용은 이 글에 나오지 않아요.

2 2문단에 호킹이 의사로부터 루게릭병을 진단받았다는 내용이 나와요.

3 ①, ③은 3문단에 나와요. 호킹은 블랙홀이 모든 것을 빨아들이기만 한다고 생각했던 과학자들의 생각을 뒤집어 놓았어요. 또 블랙홀은 크기가 점점 줄어들다가 사라진다고도 했어요.

4 호킹은 우주에 대한 연구 내용을 알기 쉽게 풀어 《시간의 역사》라는 책을 썼어요.

4주차 독해력 완성하기

60~61쪽

1 (1) 헛되게 (2) 마침내 **2** (1) ㉠, ㉤ (2) ㉢, ㉥ (3) ㉡, ㉣ **3** ② **4** ① **5** ②
6 ④

1 '헛되게'는 '아무 보람이나 실속이 없게'라는 뜻이고, '마침내'는 '드디어 마지막에는'이라는 뜻이에요.

2 아인슈타인은 시간과 공간에 대한 상대성 이론을 밝혀냈어요. 암스트롱은 아폴로 11호를 타고 최초로 달에 착륙한 우주 비행사이고, 라이트 형제는 비행기를 발명하여 플라이어호라는 이름을 붙였어요.

3 호킹은 우주에 대해 잘 모르는 사람들에게 우주의 비밀을 알려 주고 싶어 했어요.

4 루이 브라유는 '브라유 점자'를 발명했어요.

5 라이트 형제는 여러 모형의 날개를 수없이 실험하며 비행기 날개를 만들었어요.

6 우주인은 어려운 환경에서 맡은 임무를 잘해 내야 하므로 특별한 인내심이 필요하다고 했어요.

21 일차

선덕 여왕

신라를 강한 나라로 만들다

64~65쪽

1 윤조 2 첨성대 3 ② 4 ①

1 진평왕에게는 아들은 없고 딸만 있었기 때문에, 큰딸인 덕만 공주가 왕이 되었어요.

2 2문단에 선덕 여왕이 천문대인 첨성대를 만들었다는 내용이 나와요.

3 ①, ③, ④는 모두 2문단에 나와요. 첨성대가 별자리 관측을 좋아하는 선덕 여왕을 위해 만들어졌다는 내용은 나오지 않아요.

4 4문단에 선덕 여왕이 부처님의 힘을 빌리기 위해 신라 사람들의 마음을 하나로 모아야 한다고 생각해서 황룡사 9층 목탑을 세웠다는 내용이 나와요.

22 일차

최무선

화약을 발명하여 왜구를 무찌르다

66~67쪽

1 ① 2 유황, 염초 3 3, 4, 2, 1 4 화통도감

1 1문단에 최무선이 왜구의 노략질로 고통받는 백성들을 위해 화약이 필요하다고 생각했다는 내용이 나와요.

2 2문단에 숯과 유황은 우리나라에서 쉽게 구할 수 있었지만, 가장 중요한 재료인 염초는 구하기가 쉽지 않았다는 내용이 나와요.

3 최무선은 화약의 재료를 알게 된 뒤, 중국 사람에게 화약 만드는 방법을 배우기로 결심했고, 중국 상인에게 염초를 추출하는 방법을 알아내 실험 끝에 화약을 만드는 데 성공했어요.

4 최무선의 주장으로 화약을 만들고 관리하는 관청인 '화통도감'이 생겼어요.

23 일차

손기정

우리나라 최초로 올림픽 금메달을 따다

68~69쪽

1 달리기 **2** 일제 강점기여서 일본 올림픽 국가 대표로 선발되는 방법밖에 없었기 때문에 **3** 일장기, 한국인 **4** ③

1 1문단에 손기정이 차비가 없어 매일 먼 길을 달려야 했지만 덕분에 달리기 실력을 키울 수 있었다는 내용이 나와요.

2 2문단에 손기정이 올림픽에 참가할 수 있는 길이 일본의 올림픽 국가 대표로 선발되는 방법밖에 없었다는 내용이 나와요.

3 2문단에 손기정이 일장기를 달고 올림픽에 출전할 수밖에 없었지만 한국인이라는 사실을 자랑스럽게 생각했다는 내용이 나와요.

4 ①, ②, ④는 3문단에서 찾을 수 있어요. 손기정은 일본 선수들을 제치고 일본의 올림픽 국가 대표로 선발되었으며, 올림픽 대회에서 금메달을 땄어요.

24 일차

카를 벤츠

자동차의 시대를 열다

70~71쪽

1 엔진 **2** 가솔린 **3** ① **4** 아버지

1 1문단에 벤츠가 자동차 엔진에 대해 관심을 갖게 된 내용이 나와요.

2 3문단에 벤츠가 가볍고 힘이 좋은 가솔린 엔진을 장착한 세 바퀴 자동차를 발명했다는 내용이 나와요.

3 ②는 4문단에, ③, ④는 3문단에 나와요. 벤츠가 발명한 세 바퀴 자동차가 시험 운전에 실패하자 사람들의 관심이 줄어들었어요. 따라서 나오자마자 사람들의 관심이 많았다고 볼 수 없어요.

4 마지막 문단에 벤츠가 오늘날 '자동차의 아버지'로 불린다는 내용이 나와요.

25 일차

엄홍길

실패를 딛고 히말라야에 오르다

72~73쪽

1 히말라야산맥 2 ② 3 ① 4 엄홍길 휴먼 재단

1 2문단에 엄홍길이 히말라야산맥 봉우리를 등정하는 데 도전하기로 마음먹었다는 내용이 나와요.

2 2문단에 엄홍길이 에베레스트산부터 도전했다는 내용이 나와요.

3 ②는 2문단에, ③, ④는 3문단에 나와요. 엄홍길이 가장 먼저 도전한 히말라야산맥 봉우리는 세계에서 가장 높은 에베레스트산이므로, 처음부터 낮은 산을 올랐다는 것은 잘못된 내용이에요.

4 마지막 문단에 엄홍길이 '엄홍길 휴먼 재단'을 만들어 네팔 사람들을 돕고 있다는 내용이 나와요.

5주차 독해력 완성하기

74~75쪽

1 ③ 2 (순서대로) 손기정 / 엄홍길 / 최무선 3 ③ 4 ㉣ 5 실패, 성공 6 ④

1 '장점'은 '좋거나 긍정적인 점'을 뜻하는 말로, 반대의 뜻을 가진 낱말로는 '단점'이 있어요.

2 손기정은 올림픽 대회에서 한국인 최초로 금메달을 땄고, 엄홍길은 히말라야산맥을 등반했으며, 최무선은 화약을 발명했어요.

3 벤츠가 한 일에 대한 글이에요.

4 이 글의 중심 문장은 마지막 문장이에요. 나머지 문장은 중심 문장을 뒷받침하는 내용으로 이루어져 있어요.

5 엄홍길은 에베레스트산 등정을 세 번째 도전 끝에 성공했어요.

6 체험 내용을 보면 옛날에는 천문 관측을 나라의 운명을 점치는 것으로 여겼어요.

매일매일 공부 습관을 길러 주는 공부 친구

내 이름은 **체키**

Checky

• **나이** •

11세

• **태어난 곳** •

태양계 시간성

• **특징** •

몸집에 비해, 손과 발이 극도로 작다.
매력포인트는 왕 큰 양쪽 귀와 45도로 뻗은 진한 콧수염.

• **성격** •

허술해 보이는 외모와 다르게 치밀하고, 자신감이 넘친다.

• **지구별에 오게 된 사연** •

태양계 시간성에서 Wake-up을 담당하는 자명종으로 태어나 지구별로 오게 됐으나,
신기한 지구 생활 매력에 푹 빠져, 하루 종일 신나는 모험 중이다.

• **새로운 재능** •

'초집중 탐구력'을 발견하고 마음껏 뽐내고 있다.

• **특기** •

롤롤이 타고 탐험하기

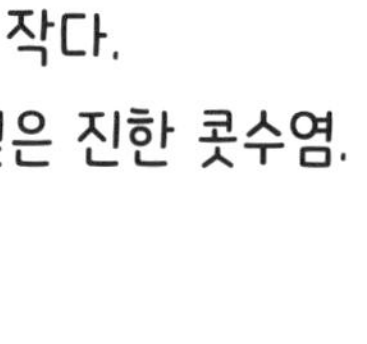

체키 전용 롤러보드
롤롤이

• **꿈** •

메가스터디북스 모든 책의 주인공 되기

1일 1독해

우리 아이 10년 뒤를 바꾸는 독해력!

독해력은 모든 학습의 기초 체력입니다. 초등 시기에 제대로 읽고 이해하는 독해력을 탄탄하게 다져 놓으면, 중학생, 고등학생이 되어 아무리 어려운 지문과 문제를 접하더라도 그 내용을 잘 이해할 수 있고 차근차근 문제를 풀 수 있습니다. 독해력이 뛰어난 아이일수록 여러 교과의 내용을 쉽게 이해할 수 있고, 자신의 생각을 풍부하고 명확하게 표현할 수 있습니다.

왜? 1일 1독해일까?

〈1일 1독해〉 시리즈는 주제에 맞는 이야기가 짧은 지문으로 제시되어 부담 없이 매일 한 장씩 풀기 좋습니다. 독해는 어릴 때 습관을 잡아 주는 것이 가장 중요합니다. 메가스터디북스의 〈1일 1독해〉 시리즈로 몸의 근육을 키우듯 **아이의 학습 근육을 키워 주세요.**

1일 1독해, 100만 명이 선택한 이유가 있습니다!

1 아이가 재미있어서 스스로 보는 책

왜 아이들은 1일 1독해를 "재미있다"고 할까요?
눈높이에 맞는 흥미로운 주제의 지문들을 읽는 즐거움이 있기 때문입니다.
지문을 읽고 바로바로 문제를 풀어 확인하는 단순한 학습 패턴에서 아이는 공부의 재미를 느끼게 됩니다.

2 매일 완독하니까 성공의 경험이 쌓이는 책

하루 15분! 지문 1쪽, 문제 1쪽의 부담 없는 학습량으로 아이는 매일매일 성공적인 학습을 경험합니다.
매일 느끼는 성취감은 꾸준한 학습 습관으로 이어지고, 완독의 경험이 쌓여 아이의 공부 기초 체력이 됩니다.

3 독해 학습과 배경지식 확장이 가능한 책

한국사, 세계사, 사회 등 교과 연계 주제 지문으로 교과 학습 대비가 가능하고,
세계 명작, 고전, 인물까지 인문 교양과 관련된 폭넓은 주제의 지문으로 배경지식을 확장시킬 수 있습니다.
또한 다양한 유형의 문제로 독해력을 키우는 데 효과적입니다.

메가스터디북스 1일 1독해 시리즈

〈1일 1독해〉 시리즈는 독해를 이제 막 시작하는 예비 초등을 위한 **이야기 시리즈**, 초등학교 전학년이 볼 수 있는 교과 연계 중심의 **교과학습 시리즈**, 배경지식을 확장해 주는 **인문교양 시리즈**로 구성됩니다.

예비 초등

이야기

과학 이야기 ❶~❻
세계 나라 ❶, ❷
세계 명작
마음 이야기

전 10권

호기심을 키우는 다양한 주제의 이야기로, 아이가 관심 있는 주제부터 시작하여 차근차근 독해력을 길러 줍니다.

초등 교과학습

한국사

❶ 선사 ~ 통일 신라, 발해편
❷ 후삼국 ~ 고려 시대편
❸ 조선 시대편(상)
❹ 조선 시대편(하)
❺ 대한 제국 ~ 현대편

전 5권

우리 역사의 주요 사건과 인물을 시대별로 구성하여, 한국사의 흐름을 이해하고 교과 학습에 대비할 수 있습니다.

세계사

❶ 고대편
❷ 중세편
❸ 근대편(상)
❹ 근대편(하)
❺ 현대편

전 5권

세계사의 주요 장면들을 독해로 학습하며 우리 아이가 반드시 알아야 할 세계사 지식을 시대별 흐름에 맞춰 익힐 수 있습니다.

초등 사회

❶~❺

전 5권

사회 문화, 지리, 전통문화, 정치, 경제 등의 사회 교과 독해를 통해 교과 학습에 대비할 수 있습니다.

초등 인문교양

세계 고전 50 | 우리 고전 50

세계 고전 50 ❶~❷
우리 고전 50
❶ 삼국유사 설화
❷ 교과서 고전문학

전 4권

초등학생이 꼭 읽어 두어야 할 세계 고전 50편과 우리 고전 50편을 하이라이트로 미리 접하며 교양을 쌓을 수 있습니다.

세상을 바꾼 인물 100

❶ 문화·예술
❷ 과학·기술
❸ 의료·봉사
❹ 경제·정치

전 4권

교과서에 수록된 인물을 중심으로 초등학생이 꼭 알아야 할 위대한 인물 100명의 이야기를 통해 바른 인성을 기를 수 있습니다.

구성과 특징

지문 1쪽, 문제 1쪽으로 매일매일 독해력 강화!

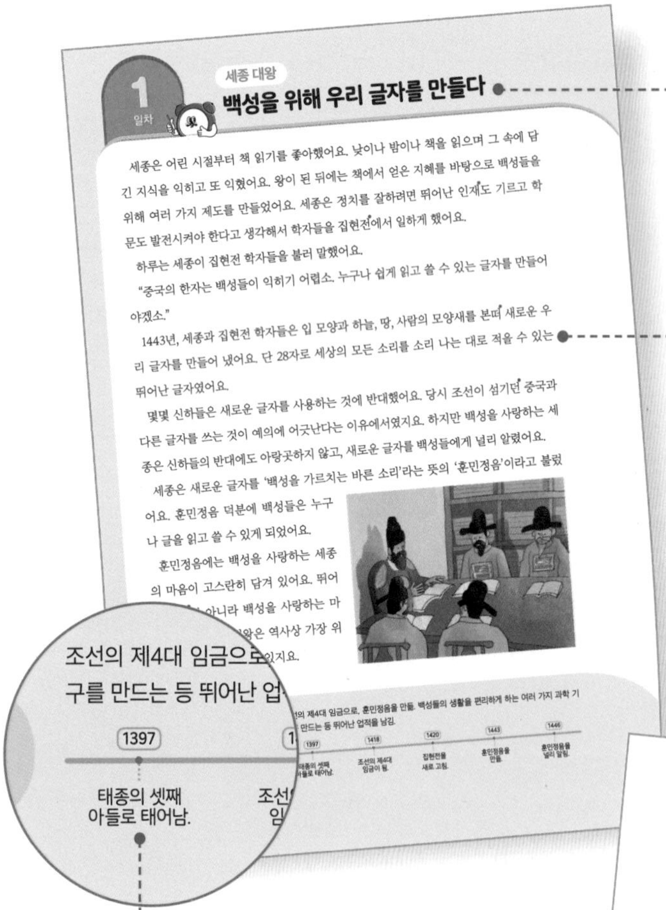

1 일차

세종 대왕

백성을 위해 우리 글자를 만들다

세종은 어린 시절부터 책 읽기를 좋아했어요. 낮이나 밤이나 책을 읽으며 그 속에 담긴 지식을 익히고 또 익혔어요. 왕이 된 뒤에는 책에서 얻은 지혜를 바탕으로 백성들을 위해 여러 가지 제도를 만들었어요. 세종은 정치를 잘하려면 뛰어난 인재도 기르고 학문도 발전시켜야 한다고 생각해서 학자들을 집현전에서 일하게 했어요.

하루는 세종이 집현전 학자들을 불러 말했어요.

"중국의 한자는 백성들이 익히기 어렵소. 누구나 쉽게 읽고 쓸 수 있는 글자를 만들어야겠소."

1443년, 세종과 집현전 학자들은 입 모양과 하늘, 땅, 사람의 모양새를 본떠 새로운 우리 글자를 만들어 냈어요. 단 28자로 세상의 모든 소리를 소리 나는 대로 적을 수 있는 뛰어난 글자였어요.

몇몇 신하들은 새로운 글자를 사용하는 것에 반대했어요. 당시 조선이 섬기던 중국과 다른 글자를 쓰는 것이 예의에 어긋난다는 이유에서였지요. 하지만 백성을 사랑하는 세종은 신하들의 반대에도 아랑곳하지 않고, 새로운 글자를 백성들에게 널리 알렸어요.

세종은 새로운 글자를 '백성을 가르치는 바른 소리'라는 뜻의 '훈민정음'이라고 불렀어요. 훈민정음 덕분에 백성들은 누구나 글을 읽고 쓸 수 있게 되었어요.

훈민정음에는 백성을 사랑하는 세종의 마음이 고스란히 담겨 있어요. 뛰어 ... 아니라 백성을 사랑하는 마 ... 왕은 역사상 가장 위 ... 있지요.

조선의 제4대 임금으로, 훈민정음을 만들고 백성들의 생활을 편리하게 하는 여러 가지 과학 기구를 만드는 등 뛰어난 업적을 남김.

1397	1418	1420	1443	1446
태종의 셋째 아들로 태어남.	조선의 제4대 임금이 됨.	집현전을 새로 고침.	훈민정음을 만듦.	훈민정음을 널리 알림.

초등학생이 꼭 알아야 할 교과서 속 위인 100명을 선정하여, 하루에 한 인물씩 5주 동안 각 권 25명의 인물에 대해 읽으며 **매일매일 공부 습관을 기를 수 있습니다.**

과학 · 기술 분야에서 새로운 발명을 한 인물의 일생을 1쪽의 지문으로 흥미롭게 풀어 내어, **여러 분야의 배경지식과 독해력을 쌓을 수 있습니다.**

인물의 출생, 업적, 대표 발명품 등을 연표로 정리하여 **인물의 생애를 한눈에 파악할 수 있도록 도와줍니다.**

학습한 날짜를 기입하게 함으로써 **아이의 꾸준한 학습을 유도합니다.**

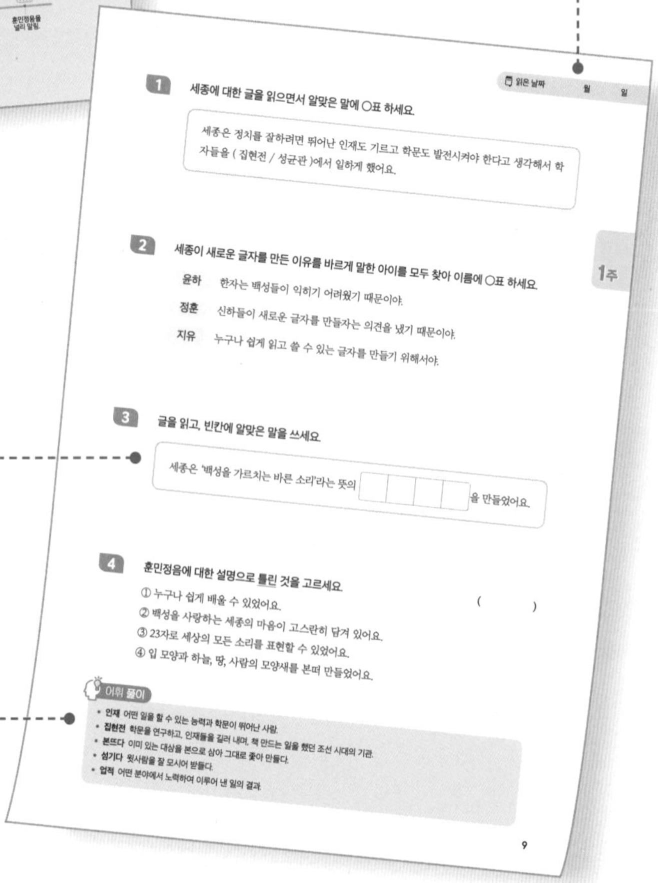

읽은 날짜 월 일

1 세종에 대한 글을 읽으면서 알맞은 말에 ○표 하세요.

세종은 정치를 잘하려면 뛰어난 인재도 기르고 학문도 발전시켜야 한다고 생각해서 학자들을 (집현전 / 성균관)에서 일하게 했어요.

2 세종이 새로운 글자를 만든 이유를 바르게 말한 아이를 모두 찾아 이름에 ○표 하세요.

윤하 한자는 백성들이 익히기 어려웠기 때문이야.

정훈 신하들이 새로운 글자를 만들자는 의견을 냈기 때문이야.

지유 누구나 쉽게 읽고 쓸 수 있는 글자를 만들기 위해서야.

1주

3 글을 읽고, 빈칸에 알맞은 말을 쓰세요.

세종은 '백성을 가르치는 바른 소리'라는 뜻의 [ ][ ][ ][ ]을 만들었어요.

4 훈민정음에 대한 설명으로 틀린 것을 고르세요. ( )

① 누구나 쉽게 배울 수 있었어요.

② 백성을 사랑하는 세종의 마음이 고스란히 담겨 있어요.

③ 23자로 세상의 모든 소리를 표현할 수 있었어요.

④ 입 모양과 하늘, 땅, 사람의 모양새를 본떠 만들었어요.

어휘 풀이

- 인재 어떤 일을 할 수 있는 능력과 학문이 뛰어난 사람.
- 집현전 학문을 연구하고, 인재들을 길러 내며, 책 만드는 일을 했던 조선 시대의 기관.
- 본뜨다 이미 있는 대상을 본으로 삼아 그대로 좇아 만들다.
- 섬기다 윗사람을 잘 모시어 받들다.
- 업적 어떤 분야에서 노력하여 이루어 낸 일의 결과

9

다양한 문제를 풀며 **내용을 확실하게 이해했는지 확인합니다.**

글을 읽는 데 필요한 어휘의 뜻을 풀이하여 **다양한 분야의 상식과 어휘력을 길러 줍니다.**

주차별 복습 문제로 독해력 완성!

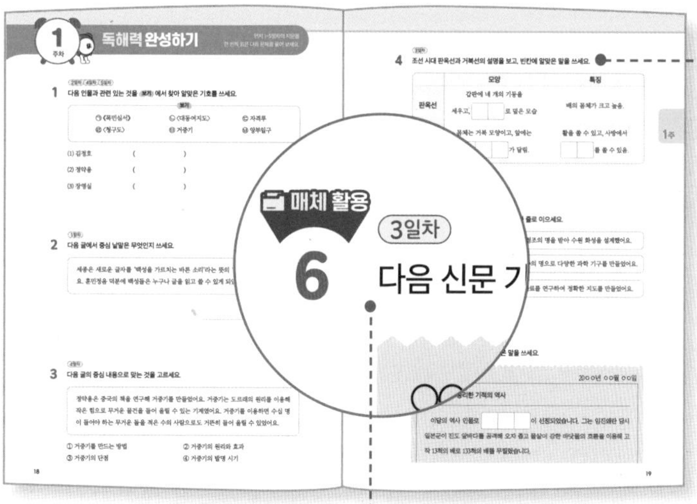

독해력 완성하기

한 주 동안 학습한 내용을 한 단계 수준 높은 문제로 복습합니다.
여러 지문의 내용을 통합한 융합 독해,
내용 추론하기, 주제 찾기, 글의 짜임 이해하기 등
다양한 유형의 문제로 독해력을 완성시킬 수 있습니다.

신문 기사, 체험 학습 보고서 등
주변에서 접하는 여러 매체 자료를
활용한 '매체 활용' 문제로
자료를 이해하고 활용하는 힘을 기를 수 있습니다.

인물 갤러리로 배경지식까지 풍성하게!

인물 갤러리 +

한 주 동안 읽은 인물과 관련된 일화나 과학 기술,
시대적 배경 등 본문에서 자세히 다루지 못한
이야기와 역사 자료를 소개하여
인물에 대한 흥미와 이해를 높이고
배경지식을 확장합니다.

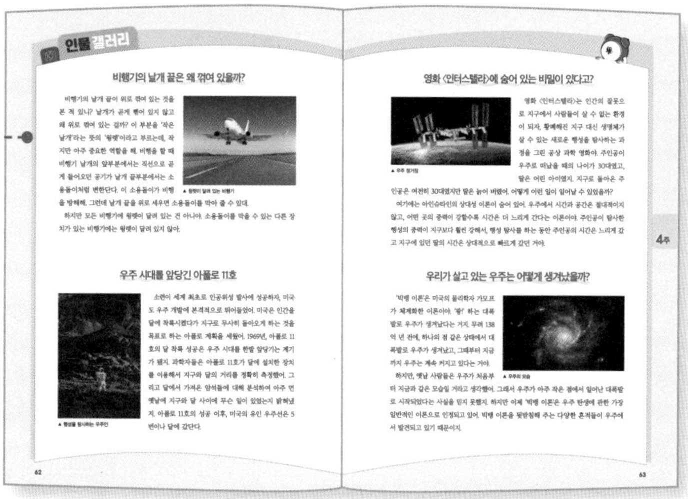

차례

1주

2주

3주

1 일차

세종 대왕

백성을 위해 우리 글자를 만들다

세종은 어린 시절부터 책 읽기를 좋아했어요. 낮이나 밤이나 책을 읽으며 그 속에 담긴 지식을 익히고 또 익혔어요. 왕이 된 뒤에는 책에서 얻은 지혜를 바탕으로 백성들을 위해 여러 가지 제도를 만들었어요. 세종은 정치를 잘하려면 뛰어난 인재도 기르고 학문도 발전시켜야 한다고 생각해서 학자들을 집현전에서 일하게 했어요.

하루는 세종이 집현전 학자들을 불러 말했어요.

"중국의 한자는 백성들이 익히기 어렵소. 누구나 쉽게 읽고 쓸 수 있는 글자를 만들어야겠소."

1443년, 세종과 집현전 학자들은 입 모양과 하늘, 땅, 사람의 모양새를 본떠 새로운 우리 글자를 만들어 냈어요. 단 28자로 세상의 모든 소리를 소리 나는 대로 적을 수 있는 뛰어난 글자였어요.

몇몇 신하들은 새로운 글자를 사용하는 것에 반대했어요. 당시 조선이 섬기던 중국과 다른 글자를 쓰는 것이 예의에 어긋난다는 이유에서였지요. 하지만 백성을 사랑하는 세종은 신하들의 반대에도 아랑곳하지 않고, 새로운 글자를 백성들에게 널리 알렸어요.

세종은 새로운 글자를 '백성을 가르치는 바른 소리'라는 뜻의 '훈민정음'이라고 불렀어요. 훈민정음 덕분에 백성들은 누구나 글을 읽고 쓸 수 있게 되었어요.

훈민정음에는 백성을 사랑하는 세종의 마음이 고스란히 담겨 있어요. 뛰어난 업적뿐 아니라 백성을 사랑하는 마음 때문에 세종 대왕은 역사상 가장 위대한 왕으로 존경받고 있지요.

정치가

세종 대왕

조선 시대(1397~1450년)

조선의 제4대 임금으로, 훈민정음을 만듦. 백성들의 생활을 편리하게 하는 여러 가지 과학 기구를 만드는 등 뛰어난 업적을 남김.

1397	1418	1420	1443	1446
태종의 셋째 아들로 태어남.	조선의 제4대 임금이 됨.	집현전을 새로 고침.	훈민정음을 만듦.	훈민정음을 널리 알림.

1 세종에 대한 글을 읽으면서 알맞은 말에 ○표 하세요.

세종은 정치를 잘하려면 뛰어난 인재도 기르고 학문도 발전시켜야 한다고 생각해서 학자들을 (집현전 / 성균관)에서 일하게 했어요.

2 세종이 새로운 글자를 만든 이유를 바르게 말한 아이를 모두 찾아 이름에 ○표 하세요.

윤하 한자는 백성들이 익히기 어려웠기 때문이야.

정훈 신하들이 새로운 글자를 만들자는 의견을 냈기 때문이야.

지유 누구나 쉽게 읽고 쓸 수 있는 글자를 만들기 위해서야.

3 글을 읽고, 빈칸에 알맞은 말을 쓰세요.

세종은 '백성을 가르치는 바른 소리'라는 뜻의 □□□□을 만들었어요.

4 훈민정음에 대한 설명으로 틀린 것을 고르세요. (　　　)

① 누구나 쉽게 배울 수 있었어요.

② 백성을 사랑하는 세종의 마음이 고스란히 담겨 있어요.

③ 23자로 세상의 모든 소리를 표현할 수 있었어요.

④ 입 모양과 하늘, 땅, 사람의 모양새를 본떠 만들었어요.

어휘 풀이

- **인재** 어떤 일을 할 수 있는 능력과 학문이 뛰어난 사람.
- **집현전** 학문을 연구하고, 인재들을 길러 내며, 책 만드는 일을 했던 조선 시대의 기관.
- **본뜨다** 이미 있는 대상을 본으로 삼아 그대로 좇아 만들다.
- **섬기다** 윗사람을 잘 모시어 받들다.
- **업적** 어떤 분야에서 노력하여 이루어 낸 일의 결과.

2 일차

장영실

조선의 시계를 만들다

장영실은 어릴 때부터 손재주가 뛰어나 망가진 농기구도 잘 고치고, 사람들이 생각하지 못했던 기구도 척척 만들어 냈어요. 덕분에 일찍부터 궁에 들어가 일하게 되었고, 세종의 명으로 다양한 과학 기구도 만들었어요.

하루는 세종이 장영실을 불러 자동 물시계를 만들라고 했어요. 기존의 물시계는 사람이 계속 지켜봐야 해서 사용하기가 매우 불편했어요. 명을 받은 장영실은 온통 물시계 생각뿐이었어요.

'때에 맞춰 저절로 시각을 알려 줄 방법이 어디 없을까?'

장영실은 중국과 아라비아의 자동 물시계를 연구해 스스로 종을 쳐 시각을 알리는 '자격루'를 만들었어요. 일정한 시간 동안 흐르는 물이 시간 알림 장치를 움직여 자동으로 종을 치는 원리였지요. 사람이 지켜보고 있다가 물시계의 눈금을 직접 읽지 않아도 때가 되면 저절로 시각을 알려 주어 편리했어요. 자격루 덕분에 낮과 밤은 물론이고, 날씨에 상관없이 시간을 알 수 있었어요.

장영실은 노비였지만 재능을 인정받아 벼슬까지 얻게 되었어요. 또 계속해서 백성들의 생활을 편리하게 해 줄 놀라운 발명품도 많이 만들었지요. 물시계에 이어 해시계 '앙부일구'도 만들었는데, 앙부일구는 그림자로 시간을 알 수 있을 뿐 아니라 농사에 필요한 24절기까지도 알 수 있는 시계였어요. 이 밖에 천체의 움직임과 위치를 관찰할 수 있는 '혼천의', 비의 양을 재는 '측우기' 등을 만들어 백성들이 농사짓는 데에 많은 도움을 주었어요.

과학자

장영실

조선 시대(1390~1450년)

조선 시대 천재 과학자. 태종 때부터 궁중에서 일하며 간의, 혼천의 등 천체 관측기와 앙부일구, 자격루 등의 시계를 발명하였으며 우리나라 과학을 발전시켰음.

1390	1433	1434	1434	1441
경상도에서 태어남.	혼천의를 만듦.	자격루를 완성함.	앙부일구를 완성함.	측우기를 완성함.

1 장영실이 발명한 자동 물시계의 이름을 쓰세요.

✎ ______________________

2 빈칸에 장영실이 만든 발명품의 알맞은 이름을 쓰세요.

(1) 천체의 움직임과 위치를 관찰할 수 있는 ☐☐☐

(2) 비의 양을 재는 ☐☐☐

3 자격루에 대한 설명으로 틀린 것을 고르세요. (　　　)

① 농사에 필요한 24절기도 함께 알 수 있어요.

② 중국과 아라비아의 자동 물시계를 연구해 만들었어요.

③ 날씨에 상관없이 시간을 알 수 있어요.

④ 흐르는 물이 시간 알림 장치를 움직여 자동으로 종을 치는 원리예요.

4 앙부일구에 대한 글을 읽으면서 알맞은 말에 ○표 하세요.

- 그림자로 시간을 재는 (해시계 / 물시계)예요.
- 농사에 필요한 (24절기 / 24시간)도 함께 알 수 있었어요.

어휘 풀이

- **명** 윗사람이 아랫사람에게 무엇을 하게 함. 또는 그런 내용.
- **노비** 남자 종과 여자 종을 이르는 말. 가장 낮은 신분 계층을 말함.
- **24절기** 한 해를 스물넷으로 나누어 계절의 표준이 되는 것.
- **천체** 항성, 행성, 위성 등 우주에 있는 모든 물체.

이순신

왜군으로부터 조선을 지키다

이순신은 임진왜란 무렵 전라에서 좌수사로 있었어요. 이 시기 우리 백성들은 왜군의 잦은 침입으로 고통을 겪었지요.

이순신은 왜군의 침입에 대비하기 위해 군사들을 훈련시키고 낡은 무기와 배를 고쳤어요. 당시 조선은 왜군에 대항하여 '판옥선'으로 싸웠어요. 판옥선은 배의 갑판에 네 개의 기둥을 세운 뒤 판자로 덮어 2층으로 만든 배였지요. 판옥선은 배의 몸체가 높아서 많은 무기를 실을 수 있었지만 크고 무거워 왜군의 배보다 느렸어요.

'왜군의 배는 가볍고 빠르다. 왜군이 쉽게 공격할 수 없도록 더 튼튼한 배가 필요해.'

이순신은 판옥선을 고쳐 거북선을 만들었는데, 몸체는 거북 모양이고 앞부분에 용머리가 달려 있었어요. 배 위는 판자로 덮은 뒤 쇠못을 박아 적이 배 위로 기어오를 수 없었고, 활을 쏠 수 있을 뿐만 아니라 양옆과 앞뒤 사방에서 대포를 쏠 수 있어 적진을 파고들며 공격할 수 있었어요.

이순신은 지형과 바닷물의 흐름을 활용해 뛰어난 전술을 펼쳤어요. 한산도 대첩에서 우리 배들은 학이 날개를 펼친 모양처럼 적들을 둘러싸는 학익진 전법으로 왜군을 물리쳤어요. 또 명량 대첩에서는 울돌목의 거센 물살을 이용해 단 13척의 배로 133척의 왜군과 맞서 싸워 승리했어요.

이순신은 노량 해전에서 목숨을 잃기 전까지 거북선과 뛰어난 전술로 수많은 해전을 승리로 이끌어 왜군으로부터 조선의 바다를 지켰고, 오늘날까지 우리나라를 대표하는 최고의 영웅으로 남아 있어요.

장군

이순신

조선 시대(1545~1598년)

조선 시대 장군으로, 전라 좌수사가 되어 거북선을 만듦. 임진왜란이 일어나자 옥포 해전, 한산도 해전, 명량 해전 등 여러 해전을 승리로 이끌었음.

- 1545: 한양에서 태어남.
- 1591: 전라 좌수사에 임명됨.
- 1592: 사천 해전에 거북선을 처음 등장시킴.
- 1592: 한산도 대첩에서 승리함.
- 1597: 명량 대첩에서 승리함.

1 이순신이 전라 좌수사가 되고 나서 한 일이 아닌 것을 찾아 ○표 하세요.

군사들을 훈련시켰어요.	낡은 무기와 배를 고쳤어요.	농사를 지어 쌀을 나누어 주었어요.

2 거북선에 대한 설명으로 틀린 것을 고르세요. (　　　)

① 적진을 파고들며 공격할 수 있었어요.

② 대포를 사방에서 쏠 수 있었어요.

③ 거북과 닮은 모습으로, 앞쪽에 거북 머리가 달려 있었어요.

④ 윗면은 판자로 덮고, 쇠못을 박아 적이 기어오를 수 없었어요.

3 이순신이 한산도 대첩에서 왜군을 물리친 전법은 무엇인지 쓰세요.

☐☐☐ 전법

4 이순신에 대한 글을 읽고, 빈칸에 알맞은 말을 쓰세요.

이순신은 목숨을 잃기 전까지 ☐☐☐과 뛰어난 ☐☐로 수많은 해전을 승리로 이끌었어요.

어휘 풀이

- **임진왜란** 1592년에 일본이 조선을 침입한 전쟁. 1598년까지 7년 동안 두 차례에 걸쳐 침입하였음.
- **좌수사** 수군을 지휘하는 총책임자.
- **대항하다** 굽히거나 지지 않으려고 맞서서 버티다.
- **갑판** 군함과 같은 큰 배 위에 나무나 철판으로 깔아 놓은 넓고 평평한 바닥.
- **적진** 적의 군대가 모여 진을 치고 있는 곳.
- **전법** 전쟁이나 경기 등에서 상대와 싸우는 방법.

정약용

백성을 위해 수원 화성을 쌓다

정약용은 다른 나라의 과학 기술이나 새로운 학문에 관심이 많았어요. 그리고 백성들이 살아가는 데 실제로 도움이 되는 방법이 무엇인지도 늘 궁리했어요. 정조는 과학 기술에 관심이 많은 정약용에게 수원 화성의 설계를 믿고 맡겼어요.

'돌로 성을 쌓으려면 백성들의 고생이 이만저만이 아닐 텐데 무거운 돌을 쉽게 들어 올릴 방법이 어디 없을까?'

정약용은 중국의 책을 연구해 거중기를 만들었어요. 거중기는 도르래의 원리를 이용해 작은 힘으로 무거운 물건을 들어 올릴 수 있는 기계였어요. 거중기를 이용하면 수십 명이 들어야 하는 무거운 돌을 적은 수의 사람으로도 거뜬히 들어 올릴 수 있었지요.

정약용은 수원 화성을 짓는 백성들에게 품삯도 주자고 제안했어요. 당시에는 나랏일을 위해 백성들을 동원할 때 동원된 백성들에게 돈을 주지 않고 일을 시켰어요. 정약용은 백성들이 일한 만큼 품삯을 받으면 더욱 열심히 일할 것이고, 공사도 빨리 끝날 것이라 생각했어요.

당초 10년을 예상했던 수원 화성의 공사 기간은, 정약용이 만든 거중기와 품삯을 받은 백성들이 열심히 일한 덕분에 2년 9개월로 줄어들 수 있었어요. 게다가 공사 비용도 4만 냥이나 줄였지요.

정약용은 과학 기술을 활용하여 실용적인 기계를 만들어 백성들의 힘든 일을 수월하게 해 주었어요. 또 나라가 강해지고 백성들이 잘 살 수 있는 나라가 되기를 바라는 마음으로 《목민심서》, 《경세유표》 등의 책도 썼어요.

실학자

정약용

조선 시대(1762~1836년)

조선 후기에 실학 사상을 체계적으로 완성한 실학자. 배다리와 수원 화성을 설계했고, 거중기, 녹로와 같은 기구를 만듦. 사회 제도의 개혁을 주장하는 책을 많이 썼음.

- 1762 경기도에서 태어남.
- 1792 수원 화성을 설계함.
- 1801 전라남도 강진으로 유배됨.
- 1818 《목민심서》를 완성함.

1 정약용에 대한 설명으로 틀린 것을 고르세요. (   )

① 다른 나라의 과학 기술에는 관심이 없었어요.
② 《목민심서》, 《경세유표》 등의 책을 썼어요.
③ 백성들이 살아가는 데 실제로 도움이 되는 방법을 늘 궁리했어요.
④ 중국의 책을 연구하여 거중기를 만들었어요.

2 글을 읽고, 빈 곳에 알맞은 말을 쓰세요.

정약용은 ______________의 원리를 이용해 작은 힘으로 무거운 물건을 쉽게 들어 올릴 수 있는 ______________를 만들었어요.

3 수원 화성의 공사 기간을 줄이는 데 도움을 주었던 것을 보기 에서 모두 골라 쓰세요.

보기

《목민심서》   거중기   《경세유표》   품삯

____

4 정약용이 백성들에게 품삯을 주자고 제안한 이유를 바르게 말한 아이를 모두 찾아 이름에 ○표 하세요.

연우 일한 만큼 품삯을 받으면 더욱 열심히 일할 것이기 때문이야.

지민 당시에는 품삯을 주지 않으면 백성들이 일을 하러 오지 않았기 때문이야.

현정 품삯을 받고 열심히 일하면 공사도 빨리 끝낼 수 있기 때문이야.

어휘 풀이

- **수원 화성** 정조가 수원에 쌓은 성. 유네스코 세계유산에 등재된 건축물.
- **거중기** 도르래의 원리를 이용해 작은 힘으로 무거운 물건을 들어 올리는 기계.
- **도르래** 바퀴에 홈을 파고 줄을 걸어서 돌려 물건을 움직이는 장치.
- **동원하다** 어떤 목적을 이루기 위해 사람이나 물건, 수단, 방법 등을 모으다.
- **수월하다** 까다롭거나 힘들지 않아 하기가 쉽다.

5
일차

김정호

지도에 큰 세상을 그리다

김정호는 어릴 때 땅이나 마을의 모양에 관심이 많았어요. 어느 날, 마을 지도 한 장을 손에 넣게 되었는데, 지도에는 실제 마을의 모양과 다른 곳이 아주 많았어요.

"지도에 실제와 다른 곳이 이렇게나 많다니! 내 손으로 정확한 지도를 만들겠어."

하지만 지도를 만드는 일은 돈도 많이 들고 전문 지식도 필요한 일이었어요. 형편이 어려웠던 김정호는 전국 방방곡곡까지 답사할 수 없었어요. 다행히도 김정호에게는 도움을 주는 사람들이 있어, 조선의 지도와 지리에 관한 자료를 수집할 수 있었어요. 김정호는 수집한 지도와 자료를 연구하고 부족한 부분을 채워 가며 정확한 지도를 만들기 위해 노력했어요.

마침내, 김정호는 조선 시대에서 가장 정확한 지도로 평가되는 〈대동여지도〉를 만들어 냈어요. 〈대동여지도〉는 펼치면 가로는 약 4미터, 세로는 약 6.6미터 되는, 커다란 한반도 지도였어요. 김정호는 〈대동여지도〉를 사람들이 쉽게 가지고 다닐 수 있도록 지도를 접으면 22권의 책이 되게 만들었고, 많은 백성들이 볼 수 있도록 한 번에 많이 찍어 낼 수 있는 목판에 새겨 제작했어요. 또 산, 하천, 마을은 물론이고, 기호를 이용해 봉수, 성터, 역참도 표시했고, 10리마다 눈금을 찍어 거리를 예상할 수 있게 했어요.

정확한 지도를 만드는 것이 꿈이었던 김정호는 〈대동여지도〉를 비롯해 전국의 지리 정보를 나타낸 〈청구도〉, 조선 후기의 한양을 그린 〈수선전도〉 등의 지도와 지역의 현황과 역사를 소개한 지리책 《대동지지》를 만들어 조선의 지도와 지리학을 발전시켰어요.

지리학자

김정호

조선 시대(1804~1866년)

조선 후기의 지리학자로, 19세기 조선의 국토 정보를 하나로 모아 완성함. 평생 〈청구도〉, 〈동여도〉, 〈대동여지도〉 등의 지도를 만들고 조선의 지리학을 발전시킴.

- 1804: 황해도에서 태어남.
- 1824: 〈수선전도〉를 펴냄.
- 1834: 〈청구도〉를 펴냄.
- 1861: 〈대동여지도〉를 펴냄.
- 1861~1866: 《대동지지》를 펴냄.

1 김정호가 지도를 만든 방법으로 맞는 것을 고르세요. ( )

① 전국의 모든 곳을 꼼꼼하게 답사하여 만들었어요.
② 수집한 지도와 자료를 연구하고 부족한 부분을 채워 가며 만들었어요.
③ 일을 하며 모은 돈으로 전국 답사를 다니면서 지도를 만들었어요.
④ 중국으로 유학을 가서 지도 만드는 지식을 배워 왔어요.

2 김정호가 만든 조선 시대에서 가장 정확한 지도는 무엇인지 쓰세요.

✎ ____________________

3 〈대동여지도〉의 특징으로 맞으면 ○표, 틀리면 X표 하세요.

(1) 지도 내용을 금속판에 새긴 뒤 찍어 낸 지도예요. ( )
(2) 쉽게 가지고 다닐 수 있도록 접으면 22권의 책이 되게 만들었어요. ( )
(3) 기호를 이용해 봉수, 성터, 역참을 표시했어요. ( )
(4) 10리마다 눈금을 찍어 거리를 예상할 수 있어요. ( )

4 다음 지도와 지리책에 대한 설명으로 알맞은 것을 찾아 줄로 이으세요.

대동지지 •	• 조선 후기의 한양을 그린 지도
수선전도 •	• 전국의 지리 정보를 나타낸 지도
청구도 •	• 지역의 현황과 역사를 소개한 지리책

어휘 풀이

- **답사** 현장에 가서 직접 보고 조사함.
- **지리** 어떤 곳의 생긴 모양이나 길 따위의 형편.
- **봉수** 나라에 위급한 일이 있을 때 연기를 피우거나 불을 피워 소식을 전하던 곳.
- **역참** 국가의 문서나 물건을 전달하기 위해 설치된 역, 여관 등을 합쳐서 이르는 말.
- **리** 거리의 단위. 1리는 약 0.393킬로미터에 해당함.

독해력 완성하기

먼저 1~5일차의 지문을
한 번씩 읽은 다음 문제를 풀어 보세요.

(2일차)(4일차)(5일차)

1 다음 인물과 관련 있는 것을 보기 에서 찾아 알맞은 기호를 쓰세요.

보기

㉠《목민심서》	㉡〈대동여지도〉	㉢ 자격루
㉣〈청구도〉	㉤ 거중기	㉥ 앙부일구

(1) 김정호 ( )

(2) 정약용 ( )

(3) 장영실 ( )

(1일차)

2 다음 글에서 중심 낱말은 무엇인지 쓰세요.

세종은 새로운 글자를 '백성을 가르치는 바른 소리'라는 뜻의 '훈민정음'이라고 불렀어요. 훈민정음 덕분에 백성들은 누구나 글을 읽고 쓸 수 있게 되었어요.

✎ ________________

(4일차)

3 다음 글의 중심 내용으로 맞는 것을 고르세요.

정약용은 중국의 책을 연구해 거중기를 만들었어요. 거중기는 도르래의 원리를 이용해 작은 힘으로 무거운 물건을 들어 올릴 수 있는 기계였어요. 거중기를 이용하면 수십 명이 들어야 하는 무거운 돌을 적은 수의 사람으로도 거뜬히 들어 올릴 수 있었어요.

① 거중기를 만드는 방법 ② 거중기의 원리와 효과

③ 거중기의 단점 ④ 거중기의 발명 시기

3일차

4 조선 시대 판옥선과 거북선의 설명을 보고, 빈칸에 알맞은 말을 쓰세요.

	모양	특징
판옥선	갑판에 네 개의 기둥을 세우고, ☐☐로 덮은 모습	배의 몸체가 크고 높음.
거북선	몸체는 거북 모양이고, 앞에는 ☐☐☐가 달림.	활을 쏠 수 있고, 사방에서 ☐☐를 쏠 수 있음.

2일차 4일차 5일차

5 다음 인물에 대한 설명으로 알맞은 것을 찾아 줄로 이으세요.

장영실 •	• 정조의 명을 받아 수원 화성을 설계했어요.
김정호 •	• 세종의 명으로 다양한 과학 기구를 만들었어요.
정약용 •	• 자료를 연구하여 정확한 지도를 만들었어요.

매체 활용

3일차

6 다음 신문 기사를 읽고, 빈칸에 알맞은 인물의 이름을 쓰세요.

OO신문 20ㅇㅇ년 ㅇㅇ월 ㅇㅇ일

배 13척으로 승리한 기적의 역사

이달의 역사 인물로 ☐☐☐이 선정되었습니다. 그는 임진왜란 당시 일본군이 진도 앞바다를 공격해 오자 좁고 물살이 강한 바닷물의 흐름을 이용해 고작 13척의 배로 133척의 배를 무찔렀습니다.

1주

인물 갤러리

한글을 쓰는 나라가 또 있다고?

▲ 한글을 사용하는 찌아찌아족

인도네시아는 1만 8천여 개 섬과 다양한 민족으로 이루어져 있고, 사용 언어도 700개가 넘어. 그런데 인도네시아 부톤섬 바우바우시에 사는 찌아찌아족이 10년 넘게 한글을 사용하고 있다는 사실을 알고 있니? 찌아찌아족은 '찌아찌아어'라는 언어는 있지만 말을 나타낼 글자가 없었어. 찌아찌아어까지 사라질 위기에 처했는데, 훈민정음학회의 제안으로 찌아찌아어를 한글로 표기하기로 했어. 예를 들면 찌아찌아어로 '네'는 '움베', '아니요'는 '찌아', '감사합니다'는 '따리마까시'와 같이 한글로 쓰는 거야. 지금은 옆 마을 바따우가군에서도 한글을 배우고 있다고 해.

거중기는 어떻게 무거운 돌을 들어 올릴까?

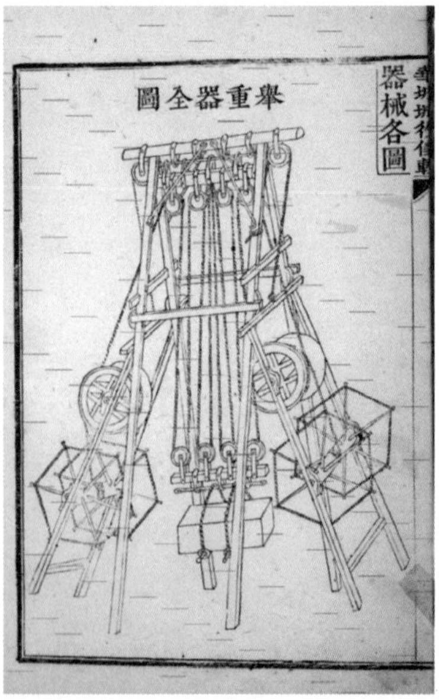

▲ 거중기

거중기는 도르래의 원리를 이용해 작은 힘으로 무거운 물건을 들어 올릴 수 있는 기계야. 도르래는 바퀴에 홈을 파고 줄을 걸어서 돌려 물건을 움직이게 하는 장치인데, 거중기에는 위에 4개, 아래 4개의 도르래가 설치되어 있어. 위쪽 4개는 고정 도르래이고, 아래 4개는 움직도르래인데, 움직도르래가 많을수록 물건을 들어 올리는 힘이 적게 들어. 움직도르래 1개당 힘이 1/2로 줄어들거든. 거중기는 들어 올릴 물건을 움직도르래에 매달고, 연결된 줄을 힘껏 잡아당겨 물건이 위로 들리는 원리를 이용해. 도르래를 이용하면 작은 힘만으로도 무거운 물건을 쉽게 들 수 있어.

임진왜란 7년의 기록, 《난중일기》

▲ 이순신 장군 동상

《난중일기》는 이순신이 임진왜란 때 쓴 일기야. 전쟁 중에 쓴 일기라고 해서 '난중일기'라고 하지. 임진왜란이 일어난 1592년 음력 1월부터 이순신이 노량 해전에서 전사하기 전인 1598년 11월까지 무려 7년 동안 거의 날마다 쓴 일기가 수록되어 있어. 《난중일기》는 개인의 일기이기는 하지만, 전쟁을 지휘하는 장군으로서 어떻게 전쟁에 대비했는지, 그날그날 전투 상황이나 날씨는 어땠는지, 전쟁터의 지형은 어땠는지가 상세하게 기록되어 있어. 또 전쟁 중에 읽었던 책의 내용도 있고, 자신을 전라 좌수사에 추천해 준 친구 유성룡에 대한 생각도 기록되어 있지. 《난중일기》는 역사적 가치를 인정받아 2013년, 유네스코 세계 기록 유산으로 등재되었어.

우리나라 최초의 세계 지도는 무엇일까?

우리나라 최초의 세계 지도는 1402년, 조선 태종 때 만들어진 〈혼일강리역대국도지도〉야. 현재 존재하는 동양의 세계 지도 가운데서 가장 오래된 세계 지도이기도 해. 주변 나라들과의 전쟁에 대비하거나 아라비아 지역과 교류를 활발히 하기 위해서 만들었지. 지도 한가운데에는 중국이 가장 크게 그려져 있고, 우리나라가 그다음으로 크게 그려져 있어. 또, 한반도의 모습도 오늘날의 지도 모습과 아주 비슷해. 하지만 일본은 우리나라보다 아주 작게 그려져 있어. 유럽, 아프리카도 작게 그려진 것을 보면 우리나라와 중국을 제외한 다른 나라의 정보는 많지 않았던 것으로 짐작할 수 있어.

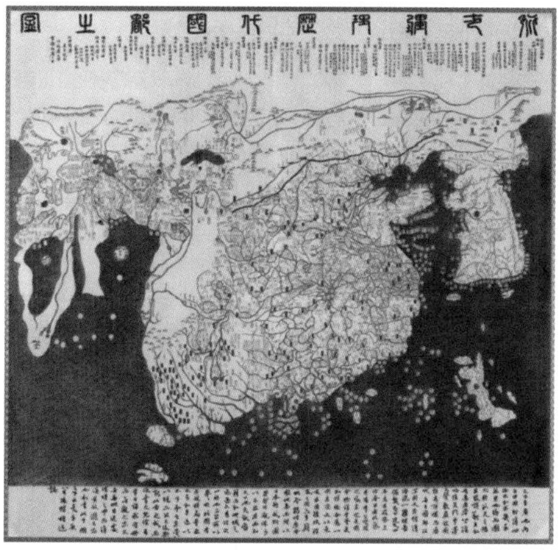

▲ 혼일강리역대국도지도

6 일차

갈릴레오 갈릴레이

망원경으로 우주의 진리를 깨우치다

이탈리아에서 태어난 갈릴레오 갈릴레이는 뛰어난 천문학자이자 물리학자였어요. 갈릴레이가 살던 시대의 사람들은 지구가 우주의 중심이라고 생각했어요. 태양과 달 등 모든 천체가 우주의 중심인 지구 주위를 돌고 있다는 '천동설'을 믿었어요. 하지만 폴란드의 천문학자 코페르니쿠스의 생각은 달랐어요. 우주의 중심은 태양이고, 지구가 태양 주위를 돌고 있다는 '지동설'을 주장했지요.

처음에는 갈릴레이도 다른 사람들처럼 지구가 우주의 중심이라고 믿었어요. 하지만 망원경으로 우주를 보고 난 뒤, 생각이 달라졌어요.

'어쩌면 코페르니쿠스의 주장이 맞을지도 몰라. 증거를 직접 찾아보자.'

갈릴레이는 날마다 직접 만든 망원경으로 우주를 관측했어요. 그리고 달의 표면이 울퉁불퉁하다는 것과, 작은 위성들이 지구가 아닌 목성 주위를 돌고 있다는 것을 발견했어요. 모든 천체가 지구 주위를 도는 것은 아니라는 사실을 증명한 셈이었지요.

하지만 당시 모든 사람들은 로마 교황의 가르침을 따라야만 했기 때문에, 교황청에서 가르치는 것과 다르게 지동설을 주장한 갈릴레이는 재판에서 유죄 판결을 받았어요. 갈릴레이는 벌을 받지 않기 위해 재판장에서 자신의 생각이 틀렸다고 거짓으로 인정할 수밖에 없었어요.

그러나 갈릴레이는 재판장을 나선 후로도 연구를 멈추지 않았고, 천체를 꾸준히 연구하였어요. 훗날, 로마 교황청은 갈릴레이에게 유죄 판결을 내렸던 것이 실수였음을 인정했답니다.

과학자

갈릴레오 갈릴레이

이탈리아(1564~1642년)

이탈리아의 천문학자이자 물리학자. 망원경을 만들어 천체를 관측했고, 지동설을 주장하는 책을 써서 로마 교황청으로부터 유죄 판결을 받음.

1564	1590	1609	1610	1633
이탈리아에서 태어남.	무게가 다른 물체를 떨어뜨리는 실험을 함.	망원경을 만들어 달 표면을 관찰함.	목성 주위를 도는 위성을 발견함.	지동설을 주장하여 재판을 받음.

1 천동설에 대한 설명을 읽고, 빈 곳에 공통으로 들어갈 말을 쓰세요.

> ______가 우주의 중심이고, 태양과 달, 모든 천체가 ______ 주위를 돈다.

2 갈릴레이가 망원경을 통해 발견한 것으로 맞는 것을 모두 고르세요. (,)

① 달의 표면이 울퉁불퉁하다.
② 달에도 지구와 같은 생명체가 산다.
③ 태양이 지구 주위를 돌고 있다.
④ 작은 위성들이 목성 주위를 돌고 있다.

3 누가 천체에 대해 어떤 주장을 했는지 알맞은 것을 찾아 줄로 이으세요.

코페르니쿠스 •	• 천동설
갈릴레이 •	• 지동설
로마 교황청 •	

4 갈릴레이에 대한 설명으로 틀린 것을 고르세요. ( )

① 지구가 태양 주위를 돌고 있다고 주장했어요.
② 지동설을 주장해 재판에서 유죄 판결을 받았어요.
③ 망원경으로 우주를 관측한 뒤 천동설을 믿게 되었어요.
④ 재판장에서 자신의 생각이 틀렸다고 인정했어요.

어휘 풀이

- **천문학자** 우주와 천체의 온갖 현상과 법칙을 연구하는 학자.
- **관측** 맨눈이나 기계로 자연 현상, 특히 천체나 기상을 관찰하는 일.
- **위성** 행성의 인력에 의하여 그 둘레를 도는 천체. 대표적으로 지구에는 달이 있음.
- **증명** 어떠한 일에 대하여 그것이 진실인지 아닌지 밝힘.

7 일차

아이작 뉴턴

끌어당기는 힘, 만유인력을 발견하다

시골에서 농부의 아들로 태어난 뉴턴은 어릴 적부터 호기심이 많았어요. 바람에 돌아가는 풍차가 신기해서 풍차가 움직이는 원리를 연구해 풍차 모형을 혼자 만들 정도였지요. 과학에 관심이 많았던 뉴턴은 대학에 들어가 수학과 천문학, 광학에 관심을 갖고 공부했어요. 그러다 전염병이 돌아 대학이 문을 닫는 바람에 고향으로 돌아왔어요.

어느 날, 뉴턴은 고향집의 사과나무에 달려 있던 사과가 땅으로 툭 떨어지는 모습을 보고 문득 궁금해졌어요.

'사과는 왜 위나 옆이 아니라 아래로 떨어지는 걸까?'

뉴턴은 이 문제로 고민을 계속하다 마침내 지구에는 물체를 끌어당기는 힘, 즉 중력이 있다는 사실을 밝혀냈어요. 지구가 사과를 아래로 끌어당기기 때문에 사과가 위나 옆이 아닌 땅으로 떨어진다는 사실을 증명한 것이지요. 뿐만 아니라, 모든 물체는 서로를 끌어당기는 힘이 있다는 '만유인력의 법칙'을 발견해서 과학계에 큰 업적을 남겼어요.

뉴턴은 빛의 성질에도 관심이 많았어요. 당시 사람들은 빛이 흰색이라고 믿었지만 뉴턴은 달랐어요. 프리즘으로 빛을 통과시켜, 빛이 여러 가지 색으로 이루어져 있다는 사실을 밝혀냈지요.

1687년, 뉴턴은 《프린키피아》라는 책을 펴내어, 만유인력의 법칙을 세상에 처음으로 알렸어요. 그리고 82세의 나이로 세상을 떠날 때까지 연구를 멈추지 않았어요. 뉴턴이 발견한 여러 가지 법칙은 이후의 과학자들에게 큰 영향을 주었답니다.

과학자

아이작 뉴턴

영국(1642~1727년)

영국의 물리학자이자 천문학자로, 근대 과학의 선구자. 행성이 태양 주위를 도는 이유를 연구하다가 우주의 모든 물체가 서로 끌어당기는 힘을 가지고 있다는 '만유인력의 법칙'을 발견함.

1642	1666	1668	1687	1704
영국에서 태어남.	만유인력의 법칙을 발견함.	반사 망원경을 제작함.	물리학에 관한 책 《프린키피아》를 펴냄.	빛의 성질에 관한 책 《광학》을 펴냄.

1 뉴턴이 떨어지는 사과를 보며 궁금해 한 것은 무엇인지 찾아 ○표 하세요.

사과가 어디에서 떨어진 것인지 궁금했어요.	사과가 아래로 떨어지는 이유가 궁금했어요.	사과의 무게가 얼마나 되는지 궁금했어요.

2 뉴턴에 대한 설명으로 틀린 것을 고르세요. (　　　)

① 어릴 적부터 호기심이 많았어요.
② 사과가 떨어지는 모습을 보고 만유인력의 법칙을 발견했어요.
③ 빛의 색깔이 흰색이라고 믿었어요.
④ 《프린키피아》라는 책을 펴냈어요.

3 만유인력의 법칙에 대해 잘못 말한 아이의 이름을 쓰세요.

민준 지구에 있는 모든 물체는 중력의 영향을 받아.
석희 물체의 무게에 따라 물체가 떨어지는 방향이 달라져.
우정 모든 물체는 서로를 끌어당기는 힘이 있어.

✎ ______________________

4 뉴턴이 만유인력의 법칙을 세상에 처음으로 알린 책의 제목은 무엇인지 쓰세요.

어휘 풀이

- **만유인력** 질량을 가지고 있는 모든 물체가 서로 잡아당기는 힘.
- **광학** 물리학의 한 분야로, 빛의 성질을 연구하는 학문.
- **프리즘** 투명한 삼각기둥 모양의 도구로, 빛을 통과시키면 여러 색깔로 나뉘는 것을 관찰할 수 있음.

8
일차

찰스 다윈

진화의 근거를 찾아내다

어린 시절 다윈은 호기심이 많고 곤충이나 동식물을 관찰하는 것을 좋아했어요. 다윈은 자유롭게 숲을 뛰어다니며 자연을 관찰했고, 동식물을 채집하기도 했어요.

대학을 졸업한 후, 다윈은 비글호를 타고 세계 곳곳을 탐사하는 여행을 떠났어요. 무려 5년 동안이나 배를 타고 남아메리카, 갈라파고스 제도, 오스트레일리아, 아프리카 등지를 다니며 곤충과 동식물을 수집하고 그 지역의 자연환경을 기록하는 일을 했어요.

긴 항해를 마치고 집으로 돌아온 다윈은 열아홉 개의 섬으로 이루어진 갈라파고스 제도에서 가져온 새들을 연구했어요. 그러다가 깜짝 놀라 소리쳤어요.

"이 새들이 모두 같은 핀치새라니! 그런데 부리 모양이 왜 이렇게 다른 거지?"

다윈은 각각의 섬에서 새들이 구할 수 있는 먹이가 다르기 때문에 그에 따라 핀치새의 부리 모양이 달라졌다고 생각했어요. 작은 곤충을 먹는 핀치새는 부리 모양이 작고 뾰족했고, 큰 씨앗을 먹는 핀치새는 부리 모양이 크고 뭉툭했던 것이었지요.

다윈은 자신의 연구를 바탕으로 《종의 기원》이라는 책을 통해 '진화론'이라는 새로운 이론을 발표했어요. 진화론이란 모든 생물이 오랜 시간을 거치면서 환경에 맞게 서로 다른 모습으로 진화해 왔다는 이론이지요.

진화론을 접한 사람들은 충격을 받았고, 많은 사람들이 다윈을 비판했어요. 당시 사람들은 신이 모든 생물을 현재의 모습 그대로 만들었다는 창조론을 믿었거든요. 하지만 다윈의 진화론은 많은 사람들의 생각을 완전히 바꾸어 놓았답니다.

박물학자

찰스 다윈

영국(1809~1882년)

영국의 박물학자이자 진화론자. 비글호를 타고 세계 곳곳을 탐사하여 수집한 화석 및 생물을 연구하여 《종의 기원》에서 생물이 진화한다는 이론을 주장함.

1809	1831	1835	1839	1859
영국에서 태어남.	비글호를 타고 세계를 탐험함.	갈라파고스 제도의 동식물을 채집함.	《비글호 항해기》를 펴냄.	진화론을 주장한 《종의 기원》을 펴냄.

1 다윈에 대한 글을 읽으면서, 알맞은 말에 ○표 하세요.

다윈은 (브라질 / 갈라파고스 제도)에서 가져온 여러 새들을 연구하고 (진화론 / 창조론)이라는 새로운 이론을 발표했어요.

2 다윈이 생각한 핀치새의 부리 모양이 다른 이유로 맞는 것을 고르세요. ( )

① 처음부터 다른 모양을 가지고 태어났기 때문이에요.
② 섬마다 새들이 구할 수 있는 먹이가 다르기 때문이에요.
③ 갈라파고스 제도의 날씨에 영향을 받았기 때문이에요.
④ 새들이 여러 섬을 옮겨 다니며 살았기 때문이에요.

3 다윈이 진화론을 발표한 책의 제목은 무엇인지 쓰세요.

4 이 글에 대한 설명으로 틀린 것을 고르세요. ( )

① 다윈은 비글호를 타고 세계 곳곳을 탐사하는 여행을 했어요.
② 작은 곤충을 먹는 핀치새는 부리 모양이 작고 뾰족했어요.
③ 진화론이란 모든 생물이 환경에 맞게 진화해 왔다는 이론이에요.
④ 많은 사람들이 다윈의 진화론이 발표되자마자 옳다고 믿었어요.

어휘 풀이

- **비글호** 1831년 12월부터 1836년 10월까지 5년 동안 세계를 탐사한 영국 해군 측량선.
- **탐사** 알려지지 않은 사물이나 사실 따위를 샅샅이 더듬어 조사함.
- **갈라파고스 제도** 태평양 동부, 적도 바로 밑에 있는 화산섬의 무리. '제도'는 '여러 섬'을 뜻함.
- **진화** 생물이 처음 생겨난 모습에서 조금씩 변해 가는 것.

9
일차

토머스 에디슨

백열전구로 세상을 밝히다

미국 오하이오주에서 태어난 에디슨은 어린 시절부터 엉뚱하고 호기심 많은 아이였어요. 병아리를 부화시키겠다고 달걀을 품고 앉아 있기도 했고, 학교 선생님에게 쉴 새 없이 질문하는 바람에 수업을 방해하기 일쑤였죠. 결국 초등학교를 도중에 그만두고, 학교 대신 집에서 어머니와 함께 공부했어요.

에디슨은 궁금한 것이 있으면 그냥 넘어가지 않았어요. 궁금증이 풀릴 때까지 사람들을 따라다니며 질문하고, 끝없이 실험하고 생각했지요. 이런 성격 탓에 에디슨은 평생 동안 2,000개가 넘는 발명품을 만들어 발명왕이라는 별명을 얻게 됐어요.

에디슨의 발명품 중 가장 대표적인 것이 백열전구예요. 그전에도 전구가 있었지만, 빛을 내는 시간이 짧고, 타는 냄새가 지독한 데다 불똥까지 튀어 사용하기 어려웠어요.

'오랫동안 빛을 내는 전구를 만들려면 어떻게 해야 할까?'

에디슨은 밤낮없이 연구실에서 실험을 했어요. 실험을 하며 수천 번의 실패를 거듭한 끝에 오랫동안 빛을 내는 백열전구를 만들 수 있었어요. 에디슨이 개발한 백열전구는 무려 40시간이나 환하게 켜져 있었어요. 백열전구 덕분에 집집마다 밤에도 환하게 불을 켤 수 있었고, 낮에 하는 모든 일을 밤에도 할 수 있게 되었지요.

"나에게는 실패가 없습니다. 그저 기계가 작동하지 않은 이유들을 알게 된 것뿐이지요."

에디슨은 실패에 굴하지 않고 끊임없이 연구하여, 백열전구 외에도 축음기, 영사기, 축전지 등을 발명한 위대한 발명가였어요.

발명가

토머스 에디슨
미국(1847~1931년)

미국의 발명가. 백열전구, 축음기, 영사기 등을 발명하였음. 1,000종이 넘는 발명품 특허를 얻어 발명왕이라 불림.

1847	1877	1879	1892	1901
미국에서 태어남.	축음기를 발명함.	백열전구를 발명함.	영사기를 발명함.	축전지를 발명함.

1 에디슨의 어린 시절에 대한 설명으로 틀린 것을 고르세요. ( )

① 엉뚱하고 호기심 많은 아이였어요.
② 병아리를 부화시키겠다고 달걀을 품기도 했어요.
③ 학교를 그만두고 집에서 어머니와 함께 공부했어요.
④ 곤충을 채집하거나 동식물을 관찰하길 좋아했어요.

2 글을 읽고, 빈칸에 알맞은 말을 쓰세요.

□□□□ 덕분에 집집마다 밤에도 환하게 불을 켤 수 있었어요.

3 에디슨의 발명품이 아닌 것을 보기 에서 찾아 ○표 하세요.

보기

축음기	백열전구	텔레비전	영사기

4 에디슨이 발명한 백열전구에 대한 설명으로 틀린 것을 고르세요. ( )

① 백열전구가 발명되기 전의 전구는 빛을 내는 시간이 짧았어요.
② 에디슨은 오랫동안 빛을 내는 전구를 만들고 싶어 했어요.
③ 에디슨은 단 한 번의 실험으로 백열전구를 만들었어요.
④ 에디슨이 발명한 백열전구는 40시간이나 환하게 켜져 있었어요.

어휘 풀이

- **부화** 동물의 알 속에서 새끼가 껍데기를 깨고 밖으로 나옴.
- **백열전구** 전구 속에 있는 용수철 모양의 가는 선에 전기를 흘려보내 열과 함께 빛을 내는 기구.
- **굴하다** 어떤 어려움에 뜻을 굽히다.
- **영사기** 영화의 필름을 확대하여 스크린에 비추는 기계.
- **축전지** 에너지를 모아 두었다가 필요한 때에 전기로 재생하는 장치.

알프레드 노벨

다이너마이트를 발명하다

노벨은 어린 시절 공부를 무척 잘하는 아이였지만 몸이 약해 학교에 가지 못하는 날이 많았어요. 그럴 때면 노벨은 아버지의 무기 공장에서 놀았어요. 아버지의 뜻에 따라 프랑스와 미국에서 공부하고 돌아온 노벨은 아버지의 공장에서 일하게 되었어요. 그리고 그곳에서 성능 좋은 액체 폭약을 발명해 냈어요. 노벨이 발명한 폭약은 광산이나 철도 회사로 불티나게 팔려 나갔어요.

그러던 어느 날, 공장에서 큰 폭발 사고가 일어나 노벨의 동생이 목숨을 잃고 말았어요. 사고의 원인은 이 당시의 폭약이 액체로 되어 있어 작은 진동이나 충격에도 쉽게 터졌기 때문이었어요. 이후에도 여기저기서 폭발 사고가 자주 일어났어요.

'어떻게 해야 안전한 폭약을 만들 수 있을까?'

노벨은 보다 안전한 폭약을 만드는 방법을 연구했어요. 그러다 '규조토'라는 흙에 액체가 스며드는 것을 발견했어요. 노벨은 액체 폭약에 규조토를 섞어 사용하기 편리하고 안전한 고체 폭약을 만들어 냈어요. 그리고 폭약의 이름을 '강하다'라는 뜻의 '다이너마이트'라고 지었어요.

그러나 노벨의 바람과는 다르게 폭발력이 강한 다이너마이트는 전쟁에서 무기로 사용되었어요. 자신이 발명한 다이너마이트로 인해 많은 사람이 죽는 것이 괴로웠던 노벨은 전 재산을 다른 사람들을 위해 사용하기로 마음먹었어요. 노벨의 유언에 따라 해마다 '노벨상'을 만들어 여러 분야에서 뛰어난 업적을 남긴 사람들에게 주고 있지요.

과학자

알프레드 노벨
스웨덴(1833~1896년)

스웨덴의 발명가이자 화학자. 사람들이 안전하게 사용할 수 있는 폭약을 연구하다 다이너마이트를 발명함. 전 재산을 기부하였고 그의 유언에 따라 노벨상이 만들어짐.

1833	1863	1866	1901
스웨덴에서 태어남.	액체 화약으로 특허를 받음.	다이너마이트를 발명함.	제1회 노벨상 시상식이 열림.

1 다이너마이트 이전의 폭약이 폭발 사고를 자주 일으킨 이유를 찾아 ○표 하세요.

사람들이 폭약을 다룰 때 조심하지 않았기 때문에	폭약이 액체로 되어 있어 작은 충격에도 쉽게 터졌기 때문에

2 노벨이 안전한 폭약을 만들기 위해 액체 폭약에 섞은 물질은 무엇인지 쓰세요.

✎ ______________________

3 글을 읽고, 빈 곳에 공통으로 들어갈 말을 쓰세요.

노벨은 '강하다'라는 뜻의 ______________________ 라는 폭약을 발명했어요. 폭발력이 강한 ______________________ 는 전쟁에서 무기로 사용되었어요.

4 노벨이 전 재산을 기부한 이유를 고르세요. (　　　　)

① 자신이 발명한 다이너마이트 때문에 많은 사람들이 죽는 것이 괴로워서
② 작은 충격에도 쉽게 터지는 폭약을 만들기 바라서
③ 더 많은 사람들이 다이너마이트를 사용하기를 바라서
④ 다이너마이트가 전쟁에서 무기로 사용되기를 바라서

어휘 풀이

- **성능** 기계 따위가 지닌 성질이나 기능.
- **폭약** 센 압력이나 열을 받으면 폭발하는 물질.
- **불티나다** 물건이 내놓기가 무섭게 빨리 팔리거나 없어지다.
- **규조토** 바다에 사는 플랑크톤이 쌓여서 된 흙으로, 가볍고 구멍이 많아 물을 빨리 흡수함.
- **유언** 죽기 전에 남기는 말.

2 주차

독해력 완성하기

먼저 6~10일차의 지문을
한 번씩 읽은 다음 문제를 풀어 보세요.

(10일차)

1 다음 밑줄 친 낱말과 뜻이 반대인 말을 찾아 ○표 하세요.

> 사고의 원인은 이 당시의 폭약이 액체로 되어 있어 작은 진동이나 충격에도 쉽게 터졌기 때문이었어요.

이유 / 증명 / 결과

(6일차)(7일차)(8일차)

2 다음 인물에 대한 설명으로 알맞은 것을 보기 에서 찾아 기호를 쓰세요.

보기

> ㉠《프린키피아》라는 책을 펴내어 만유인력의 법칙을 세상에 알렸어요.
> ㉡《종의 기원》이라는 책에서 생물이 진화한다는 진화론을 주장했어요.
> ㉢ 교황청에서 가르치는 것과 다르게 지동설을 주장했어요.

(1) 갈릴레이 (　　　　)

(2) 다윈 (　　　　)

(3) 뉴턴 (　　　　)

(6일차)

3 다음 글의 내용과 가장 거리가 먼 것을 고르세요. (　　　　)

> 처음에는 갈릴레이도 다른 사람들처럼 지구가 우주의 중심이라고 믿었어요. 하지만 망원경으로 우주를 보고 난 뒤, 생각이 달라졌어요.
> '어쩌면 코페르니쿠스의 주장이 맞을지도 몰라. 증거를 직접 찾아보자.'

① 갈릴레이는 처음에 태양이 우주의 중심이라고 믿었다.
② 갈릴레이는 망원경으로 우주를 보고 생각이 달라졌다.
③ 다른 사람들은 지구가 우주의 중심이라고 믿었다.
④ 갈릴레이는 코페르니쿠스의 주장이 맞는지 증거를 찾아보기로 했다.

7일차

4 다음 글을 읽고, 빈칸에 알맞은 말을 고르세요. (　　　　)

'사과는 왜 옆이나 위가 아니라 아래로 떨어지는 걸까?'
뉴턴은 이 문제로 고민을 계속하다 마침내 지구에는 물체를 끌어당기는 힘, 즉 □□이 있다는 사실을 밝혀냈어요.

① 법칙　　② 무력　　③ 중력　　④ 관성

9일차

5 다음 글의 중심 낱말로 알맞은 것을 보기 에서 찾아 기호를 쓰세요.

보기

㉠ 실험　　㉡ 실패　　㉢ 백열전구　　㉣ 낮과 밤

에디슨은 밤낮없이 연구실에서 실험을 했어요. 실험을 하며 수천 번의 실패를 거듭한 끝에 오랫동안 빛을 내는 백열전구를 만들 수 있었어요. 백열전구 덕분에 집집마다 밤에도 환하게 불을 켤 수 있었고, 낮에 하는 모든 일을 밤에도 할 수 있게 되었지요.

✎ ____________

매체 활용

10일차

6 다음 인터넷 검색 결과를 읽고, 노벨상에 대한 설명으로 틀린 것을 고르세요.

노벨-상

스웨덴의 화학자 노벨의 유언에 따라 인류의 복지에 공헌한 사람이나 단체에 주는 상. 노벨의 유산을 기금으로 하여 1901년부터 상을 주었다. 해마다 문학·화학·물리학·생리학 및 의학·평화·경제학 여섯 부문에 대해 상을 준다. 시상식은 노벨이 죽은 날인 12월 10일에 열린다.

① 노벨의 유산을 기금으로 하여 1901년부터 상을 주었다.
② 시상식은 노벨이 태어난 날인 12월 10일에 열린다.
③ 해마다 여섯 부문에 대해 상을 준다.
④ 인류의 복지에 공헌한 사람이나 단체에 주는 상이다.

버스가 멈추면 왜 몸이 앞으로 쏠리는 걸까?

달리던 버스가 갑자기 멈출 때 몸이 앞으로 쏠렸던 경험이 있니? 그건 바로 '관성' 때문이야. 물체가 운동 상태를 유지하려는 성질을 관성이라고 해. 즉, 움직이던 물체가 계속 움직이려고 하는 성질, 또 멈춰 있는 물체는 계속 멈춰 있으려고 하는 성질이지.

반대로 멈춰 있던 버스가 갑자기 출발하면, 몸은 그대로 있으려고 하기 때문에 뒤로 쏠리게 돼.

이렇게 멈춰 있던 물체는 계속 멈춰 있으려 하고, 움직이던 물체는 계속 움직이려고 하는 것을 '관성의 법칙'이라고 하는데, 이걸 발견한 사람이 바로 뉴턴이야.

▲ 버스가 멈출 때와 출발할 때 몸이 쏠리는 방향

살아 있는 박물관, 갈라파고스 제도

▲ 바다이구아나

갈라파고스 제도는 남아메리카 대륙에서 서쪽으로 약 1,000km 정도 떨어진 태평양에 위치하고 있는 에콰도르 땅이야. 화산 폭발로 생긴 19개의 섬들로 이루어져 있어. 1535년, 이 섬이 발견되었을 당시에는 무인도였는데, 큰 거북이 많이 살고 있었어. '갈라파고스'란 에스파냐어로 '거북'이라는 뜻이야. 지금도 지진, 화산 활동이 계속되고 다른 섬들과 떨어져 있어 희귀한 동식물들이 많이 살고 있어. 몸무게가 200kg이나 되는 코끼리거북, 몸길이가 1.5m나 되는 바다이구아나 등의 파충류, 작은 갈라파고스펭귄, 다윈의 진화론에 영향을 준 핀치새 등 다양한 생물이 살고 있어. 그래서 갈라파고스 제도를 '살아 있는 자연사 박물관'이자, '진화의 전시장'이라고 해.

에디슨을 뛰어넘는 천재 발명가, 테슬라

▲ 니콜라 테슬라

전구를 발명한 에디슨만큼 훌륭한 천재 발명가 테슬라에 대해 들어 봤니? 에디슨은 전기의 크기와 방향이 변하지 않는 '직류' 방식을 사용했어. 그런데 직류 방식으로는 전기를 멀리까지 보내기 어려웠고, 전기를 얻는 데 비용이 많이 들었지. 그래서 테슬라가 '교류' 방식을 생각해 냈어. 전기의 크기와 방향이 주기적으로 바뀌는 교류 방식은 먼 거리까지 전기를 흘려 보낼 수 있고, 직류 방식에 비해 비용이 많이 들지 않는다는 장점이 있어. 지금은 대부분 테슬라가 개발한 교류 방식을 사용해서 전기를 흘려 보낸단다.

테슬라는 교류 방식을 개발한 것 외에도 전자 현미경, 자동차 속도계, 레이더 등 수많은 전기 제품을 만들어 현대 전기 기술의 발전을 앞당긴 위대한 발명가야.

우리나라 최초의 노벨상 수상자는 누구일까?

▲ 김대중 노벨 평화상 기념관

2000년 12월 10일, 노르웨이 오슬로에서 김대중 대통령이 우리나라 최초로 노벨 평화상을 받았어. 2000년은 노벨상이 만들어진 지 100주년이 되는 해로, 그 어느 해보다도 경쟁이 치열했어. 김대중 대통령은 2000년 6월, 평양을 방문하여 김정일 국방위원장과 남북 정상 회담을 통해 6·15 남북 공동 선언을 이끌어 냈어. 김대중 대통령이 남북 평화를 위해서 노력했다는 점을 인정받아 노벨 평화상을 받게 된 것이지. 김대중 대통령은 노벨 평화상을 받으면서 '한국에서 민주주의와 인권, 그리고 민족의 통일을 위해 기꺼이 희생한 수많은 동지와 국민에게 상을 바친다'고 말해서 감동을 주었어.

11 일차

장 앙리 파브르

살아 있는 곤충을 관찰하다

파브르는 어린 시절에 시골 할아버지 집에서 살았어요. 자연과 친구가 되어 자란 파브르는 곤충이나 동물을 관찰하는 일을 좋아했어요. 어른이 되어서도 곤충에 대해 혼자 공부하고 연구했지요.

파브르는 곤충에 대해 공부하다가 곤충학자 뒤프레가 쓴 책을 읽고 호기심이 생겼어요. 진노래기벌이 사냥한 비단벌레는 시간이 지나도 썩지 않는다는 내용이었어요. 궁금해진 파브르는 살아 있는 곤충으로 몇 가지 실험을 했어요. 그리고 진노래기벌이 사냥한 비단벌레가 며칠이 지나도 썩지 않는 이유는 진노래기벌의 독침에 사냥감의 몸을 마비시키는 물질이 있기 때문이라는 사실을 밝혀냈어요. 그리고 비단벌레를 바로 죽이지 않고 마비만 시키는 이유는, 애벌레에게 신선한 먹이를 주기 위해서라는 것도요.

그때까지 다른 곤충학자들은 주로 죽은 곤충을 수집해 표본을 만들고 해부도를 그려 곤충을 연구했어요. 하지만 파브르는 살아 있는 곤충을 관찰했어요. 곤충이 어떻게 태어나고, 집은 어떻게 짓고, 무엇을 먹는지 알아내기 위해서였지요. 살아 있는 곤충의 생활과 특성을 파악하려면 끈기 있게 지켜봐야 했어요. 그는 종종 길가에 엎드려 곤충을 관찰했어요. 날씨가 궂어도 아랑곳하지 않았어요. 이웃집에 달린 벌집을 관찰하다가 도둑으로 몰린 적도 있었지요.

파브르는 오랜 시간 동안 곤충의 행동과 생태를 관찰하고 연구하여 《곤충기》라는 책을 펴냈어요. 곤충에 대해서라면 무엇이든 알아내기 위해 인내와 끈기로 관찰했던 파브르는 누구보다도 곤충을 아끼고 사랑했던 곤충학자였어요.

곤충학자

장 앙리 파브르

프랑스(1823~1915년)

프랑스의 곤충학자. 노래기벌에 관한 논문을 발표한 뒤부터 곤충을 본격적으로 연구하기 시작했고, 10권으로 구성된 《곤충기》를 씀.

- 1823: 프랑스에서 태어남.
- 1849: 중학교 과학 교사가 됨.
- 1855: 노래기벌에 관한 논문을 발표함.
- 1879: 《곤충기》 1권을 펴냄.
- 1907: 《곤충기》 10권을 펴냄.

1 파브르가 진노래기벌에 대해 알아낸 사실로 맞으면 ○표, 틀리면 X표 하세요.

(1) 진노래기벌의 독침에는 사냥감의 몸을 마비시키는 물질이 있다. ( )

(2) 비단벌레는 진노래기벌의 독침을 맞으면 바로 죽는다. ( )

(3) 애벌레에게 신선한 먹이를 주기 위해 비단벌레를 마비시킨다. ( )

2 글을 읽으면서, 알맞은 말에 ○표 하세요.

파브르는 (살아 있는 / 죽은) 곤충을 관찰했어요. 곤충의 생활과 특성을 파악하려면 (끈기 있게 / 고통스럽게) 지켜봐야 했어요.

3 파브르가 곤충을 연구한 방법으로 맞는 것을 모두 고르세요. (,)

① 길가에 엎드려 곤충의 모습을 지켜봤어요.
② 이웃집에 달린 벌집을 관찰하기도 했어요.
③ 주로 죽은 곤충을 수집해 표본을 만들고 해부도를 그렸어요.
④ 날씨가 궂을 때는 곤충을 관찰하지 않았어요.

4 글을 읽고, 빈 곳에 알맞은 말을 쓰세요.

《곤충기》는 파브르가 오랜 시간 동안 ________의 행동과 생태를 ________하고 연구한 내용을 기록한 책이에요.

어휘 풀이

- **마비** 몸의 감각이 없어지고 힘을 제대로 쓰지 못하게 되는 상태.
- **표본** 생물의 몸을 오래 보존할 수 있도록 처리한 것.
- **해부도** 생물의 몸속 모습을 자세하게 나타낸 그림.
- **궂다** 비나 눈이 내려 날씨가 나쁘다.
- **생태** 생물이 살아가는 모양이나 상태.

석주명

나비에게 우리말 이름을 찾아 주다

어린 석주명은 동물을 좋아했어요. 개, 고양이는 물론이고, 토끼, 도마뱀까지 키운 적도 있었지요. 19세에 일본의 유명한 농업 학교에 들어간 석주명은 교수님의 권유로 우리나라의 나비에 대해 연구하려고 마음먹었어요.

학교를 졸업하고 고등학교 교사가 된 그는 나비를 직접 채집하여 연구했어요. 석주명은 희귀종 나비를 찾아 멀리 있는 섬까지 배를 타고 가기도 했어요. 석주명은 채집한 나비의 날개 길이를 하나하나 자로 재고, 날개의 무늬, 색깔, 모양도 꼼꼼히 관찰했어요. 언제, 어디에서 잡은 나비인지도 자세히 기록해 두었지요. 그리고 채집한 나비를 표본으로 만들었어요. 석주명이 표본으로 만든 나비는 무려 75만 마리에 달했어요.

"같은 종류의 나비인데, 다른 이름을 붙여 놓다니!"

석주명은 나비 표본을 연구하면서 외국의 곤충학자들이 잘못 분류해 놓은 정보를 바로잡았어요. 그리고 우리나라에 사는 모든 나비에 대해 기록한 《조선산 나비 총목록》이라는 책을 발표했어요.

석주명은 우리말에도 관심이 많았어요. 일본어로 불리던 우리나라 나비 248종의 이름을 우리말로 고치거나 새로 지었지요. 이름만 들어도 나비의 특징을 알 수 있도록 나비에 쉽고 예쁜 우리말 이름을 붙였어요. 지리산팔랑나비, 청띠신선나비, 번개오색나비 같은 우리말 나비 이름은 대부분 석주명이 지은 이름이에요.

평생 우리 땅에 사는 나비를 찾아다니며 우리말 이름을 찾아 준 석주명은 세계적으로도 인정받는 나비 박사예요.

박물학자

석주명

대한민국(1908~1950년)

우리나라의 박물학자이자 언어학자. 평생 온 나라를 다니며 약 75만 마리의 나비를 채집하고 연구함. 우리나라 나비를 248종으로 분류하고, 우리말 이름을 붙여 줌.

- 1908: 평안남도에서 태어남.
- 1929: 고등학교 박물 교사가 됨.
- 1940: 《조선산 나비 총목록》을 펴냄.
- 1943: 제주도의 나비와 방언을 연구함.
- 1947: 《조선 나비 이름의 유래기》를 펴냄.

1 석주명이 나비를 관찰한 방법이 아닌 것을 고르세요. ( )

① 나비의 날개 길이를 하나하나 자로 쟀어요.
② 나비 날개의 무늬, 색깔, 모양을 꼼꼼히 관찰했어요.
③ 크기별로 한 상자에 담아 한꺼번에 보관했어요.
④ 언제, 어디에서 잡은 나비인지 자세히 기록했어요.

2 석주명이 우리나라에 사는 모든 나비에 대해 기록한 책의 제목을 쓰세요.

3 석주명이 한 일로 맞으면 ○표, 틀리면 X표 하세요.

(1) 나비를 채집하여 표본으로 만들었어요. ( )
(2) 외국 곤충학자들이 잘못 분류한 나비의 정보를 바로잡았어요. ( )
(3) 희귀종 나비를 찾아 멀리 있는 섬까지 찾아가기도 했어요. ( )
(4) 우리나라 나비에 멋진 영어 이름을 붙여 주었어요. ( )

4 보기 의 나비는 몸에 파란색 띠를 두르고 있는 모습이에요.
석주명이 지어 준 이 나비의 이름을 고르세요. ( )

보기

① 지리산팔랑나비
② 배추흰나비
③ 청띠신선나비
④ 번개오색나비

어휘 풀이

- **권유** 어떤 일을 하도록 권함.
- **희귀종** 드물어서 매우 진귀한 물건이나 품종.
- **표본** 생물의 몸에 적당한 처리를 하여 보존할 수 있게 한 것.
- **분류** 종류에 따라서 가름.

13 일차

루이 파스퇴르

보이지 않는 미생물을 찾아내다

파스퇴르는 프랑스의 세균학자예요. 이전까지 사람들은 세균이 공기 중에서 저절로 생겨난다고 믿었지만, 파스퇴르는 그렇지 않다는 사실을 실험을 통해 증명했지요.

당시 프랑스에서는 포도주를 만드는 일이 매우 중요했어요. 그런데 포도주가 자꾸만 상하자, 파스퇴르에게 원인을 찾아 달라고 부탁했어요. 파스퇴르는 연구 끝에 포도주가 상하는 원인이 바로 미생물 때문이라 것을 밝혀냈어요. 그리고 포도주를 낮은 온도에서 잠깐 끓이면 미생물을 없앨 수 있다는 것도 알아냈어요. 이렇게 세균을 없애는 방법을 '저온 살균법'이라고 한답니다.

파스퇴르는 감염병을 일으키는 미생물에도 관심을 갖기 시작했어요. 1880년에 프랑스에서는 닭 콜레라가 유행했어요. 콜레라에 걸린 닭들이 죽는 바람에 농장 주인들은 근심에 싸였지요. 파스퇴르는 밤낮없이 연구하며 콜레라의 원인이 되는 세균을 찾아냈어요. 그리고 약하게 만든 콜레라균을 병에 걸리지 않은 닭에게 주사하면, 콜레라를 가볍게 앓다가 면역력이 생겨 콜레라에 감염되지 않는다는 중요한 사실을 발견했지요.

이렇게 약하게 만든 세균을 '백신'이라고 해요. 파스퇴르가 개발한 백신 덕에 닭을 키우는 농민들의 걱정이 줄게 되었어요.

파스퇴르는 질병을 일으키는 미생물에 대해 끊임없이 연구하며 수많은 감염병을 예방할 수 있는 여러 백신과 치료법을 개발했어요. 덕분에 지금까지 많은 사람들과 가축들이 감염병의 위험에서 벗어날 수 있게 된 것이지요.

과학자

루이 파스퇴르

프랑스(1822~1895년)

프랑스의 화학자이자 세균학자. 저온 살균법을 개발하고, 미생물 연구를 바탕으로 콜레라, 탄저병, 광견병 백신 등을 개발하여 전염병으로부터 인류를 구하는 데 앞장섬.

- 1822: 프랑스에서 태어남.
- 1857: 미생물이 발효를 일으킨다는 논문을 발표함.
- 1865: 저온 살균법을 개발함.
- 1881: 탄저병 예방 백신 개발에 성공함.
- 1886: 파스퇴르 연구소를 설립함.

1 파스퇴르가 밝혀낸 포도주가 상하는 원인으로 알맞은 것에 ○표 하세요.

낮은 온도 미생물 콜레라

2 글을 읽고, 빈칸에 알맞은 말을 쓰세요.

파스퇴르는 약하게 만든 콜레라균을 병에 걸리지 않은 닭에게 주사하면, 콜레라에 대한 [ ][ ][ ]이 생긴다는 중요한 사실을 발견했어요.

3 파스퇴르가 발견한 약하게 만든 세균을 무엇이라고 하는지 쓰세요.

✎ ______________________

4 파스퇴르에 대해 바르게 말한 아이를 모두 찾아 이름에 ○표 하세요.

민준 세균이 공기 중에서 저절로 생겨난다고 생각했어.

연아 닭 콜레라의 백신을 발견했어.

송이 포도주를 높은 온도로 오래 끓여 미생물을 없앴어.

준수 감염병을 예방하는 여러 백신을 개발했어.

어휘 풀이

- **미생물** 너무 작아 눈으로는 볼 수 없고 현미경으로만 관찰할 수 있는 아주 작은 생물.
- **살균** 세균 등의 미생물을 죽임.
- **콜레라** 콜레라균에 의해 심한 구토나 설사를 일으키는 전염병.
- **근심** 해결되지 않은 일 때문에 속을 태우거나 우울해함.
- **면역력** 몸속에 들어온 병을 일으키는 균에 맞서는 힘.

마리 퀴리

폴로늄과 라듐을 발견하다

폴란드에서 태어난 마리 퀴리는 물리 선생님이었던 아버지의 영향으로 어려서부터 과학에 관심을 가졌어요. 대학에서 과학을 공부하고 싶었지만 폴란드 대학에서는 여자를 받아 주지 않아, 프랑스의 한 대학에 입학했어요. 그곳에서 남편 피에르 퀴리를 만나 결혼하게 되었지요.

당시 과학자들 사이에서는 '방사선'을 내뿜는 '우라늄'이 발견되어 큰 화제였어요. 마리 퀴리도 방사선에 관심이 많았어요. 우라늄보다 더 강한 빛을 내는 물질을 찾기 위해 실험을 수없이 반복했지요. 너무 가난해서 끼니를 제대로 챙겨 먹지 못할 정도였지만, 잠도 거의 자지 않고 남편 피에르 퀴리와 함께 연구에만 몰두했어요.

"드디어 우라늄보다 더 강한 빛을 내는 물질을 발견했어!"

마리 퀴리가 발견한 것은 '폴로늄'이라는 물질이었어요. 그리고 얼마 후, 폴로늄보다 더 강한 빛을 내뿜는 물질을 발견했어요. 마리 퀴리는 이 물질에 '라듐'이라는 이름을 붙였어요. 라듐은 우라늄보다 무려 400배나 더 강한 빛을 뿜어냈어요. 방사선은 암을 치료하거나 음식물에 있는 세균을 죽이는 데 사용되기 때문에 매우 중요한 발견이었지요. 마리 퀴리는 라듐을 만드는 방법에 특허를 내고 개인의 이득을 취하기 보다는 모든 사람에게 도움을 주고자 발표했어요.

이 발견으로 마리 퀴리는 남편 피에르 퀴리와 함께 노벨 물리학상을 받았어요. 피에르 퀴리가 안타깝게 사고로 목숨을 잃은 뒤에도 마리 퀴리 혼자 연구를 계속해서 노벨 화학상까지 받게 되었지요.

과학자

마리 퀴리

폴란드(1867~1934년)

폴란드 태생의 프랑스 물리학자. 남편 피에르 퀴리와 함께 폴로늄과 라듐을 발견하여 노벨 물리학상을 받음. 남편이 죽은 뒤 순수한 라듐을 분리하는 데에 성공하여 노벨 화학상을 받음.

1867	1895	1898	1903	1911
폴란드에서 태어남.	피에르 퀴리와 결혼함.	폴로늄과 라듐을 발견함.	피에르 퀴리와 함께 노벨 물리학상을 받음.	라듐 분리에 성공하여 노벨 화학상을 받음.

1 마리 퀴리에 대한 설명으로 틀린 것을 고르세요. (　　　)

① 어려서부터 과학에 관심이 많았어요.
② 프랑스 대학에 입학해서 과학을 공부했어요.
③ 우라늄보다 더 강한 빛을 내는 물질을 찾아냈어요.
④ 남편과 함께 노벨 평화상을 받았어요.

2 글을 읽고, 빈 곳에 알맞은 말을 쓰세요.

＿＿＿＿＿＿＿은 암을 치료하거나 음식물에 있는 세균을 죽이는 데 사용되는 중요한 물질이에요.

3 마리 퀴리에게 일어난 일의 순서에 맞게 번호를 쓰세요.

폴로늄과 라듐을 발견했어요.	노벨 물리학상을 받았어요.	노벨 화학상을 받았어요.	피에르 퀴리와 결혼했어요.
(　　　)	(　　　)	(　　　)	(　　　)

4 마리 퀴리가 발견한 강한 빛을 내는 물질의 이름을 쓰세요.

폴로늄, ☐☐

어휘 풀이

- **방사선** 방사성 원소가 깨질 때 물체에서 방출되는 입자나 전자기파.
- **화제** 이야기할 만한 재료나 소재. 이야깃거리.
- **몰두** 어떤 일에 온 정신을 다 기울임.
- **암** 몸 안에서 비정상적으로 자라나 질병을 일으키는 세포 덩어리.

권기옥

꿈을 좇아 하늘을 날아오르다

권기옥은 평양에서 태어났어요. 학창 시절에는 3·1 운동에 참가하다 옥살이를 하기도 했고, 3·1 운동 이후에는 대한민국 임시 정부의 독립운동에 필요한 돈을 모금하기도 할 정도로 열성적인 독립운동가였어요.

가난했지만 꿈 많던 권기옥은 학창 시절 미국인 비행사 스미스의 곡예비행을 보고 비행사가 되기로 마음먹었어요.

"비행사가 되어 조선 총독부에 폭탄을 터트릴 거야!"

하지만 당시에 여자가 비행사가 되기는 어려웠어요. 여자라는 이유로 몇몇 비행 학교에서 거절당한 권기옥은 임시 정부의 추천서를 들고 중국의 윈난 육군항공학교를 직접 찾아갔어요. 학교까지 가는 길은 매우 험난했어요. 며칠씩 배를 타고 도착해 기차로 갈아탄 뒤 걷고 또 걸어야 했지요. 윈난 육군항공학교 교장은 조선의 독립을 위해 비행사가 되겠다고 먼 길을 찾아온 권기옥의 용기를 높이 사 흔쾌히 입학을 허락했어요.

권기옥은 날마다 비행기 옆에서 밤을 새우며 공부했어요. 그리고 윈난 육군항공학교를 1기생으로 졸업하고, 우리나라 최초의 여성 비행사가 되었어요. 학교를 졸업한 뒤에는 중국 공군에 들어가, 비행사로서 일본과의 전쟁에서 용감히 싸웠어요. 10년 넘게 중국에서 우리나라의 독립운동에 힘썼지요. 해방 이후에는 우리나라로 돌아와 한국 공군을 만드는 데 도움을 주기도 했어요. 일제 강점기에 비행사로 활약하며 우리 민족을 위해 애쓴 권기옥은 우리나라 최초의 여성 비행사이자 독립운동가로서 지금까지 기억되고 있어요.

비행사

권기옥
대한민국(1901~1988년)

독립 운동가이자, 우리나라 최초의 여성 비행사. 중국 군대에서 10년 넘게 비행사로 일하면서 독립운동을 함.

1901	1919	1920	1923	1925
평안남도에서 태어남.	숭의 여학교 재학 중 3·1 운동을 주도함.	중국 상하이로 망명, 임시 정부에서 활동함.	중국 윈난 육군항공 학교에 입학함.	우리나라 최초의 여성 비행사가 됨.

1 글을 읽고, 빈 곳에 알맞은 말을 쓰세요.

권기옥은 미국 비행사 스미스의 곡예비행을 보고 ______________ 의 꿈을 키웠어요.

2 윈난 육군항공학교 교장이 권기옥의 입학을 허락한 이유를 찾아 ○표 하세요.

조선의 독립을 위해 비행사가 되겠다고 찾아온 용기를 높이 사서	학교 성적이 뛰어나고 비행기를 조종하는 능력이 있어서

3 권기옥에 대한 설명으로 <u>틀린</u> 것을 고르세요. (　　　)

① 여자라는 이유로 몇몇 비행 학교에서 입학을 거절당했어요.
② 비행사가 되기 위해 윈난 육군항공학교까지 찾아갔어요.
③ 우리나라 최초의 여성 비행사였어요.
④ 비행사가 되자마자 곧장 우리나라로 돌아와 독립운동에 힘썼어요.

4 글을 읽고, 알맞은 말에 ○표 하세요.

권기옥은 학교를 졸업한 뒤 (중국 / 한국)에서 10년 넘게 비행사로 일하면서 (학교 교육 / 독립운동)에 힘썼어요.

어휘 풀이

- **모금** 기부금 등의 돈을 모으는 일.
- **열성적** 어떤 것에 대하여 강한 정성을 보이는.
- **곡예비행** 공중에서 비행기를 가지고 부리는 여러 가지 재주.
- **조선 총독부** 일본이 1910년부터 1945년까지 우리나라를 지배하기 위하여 설치하였던 최고 행정 관청.
- **흔쾌히** 기쁘고 유쾌하게.

독해력 완성하기

먼저 11~15일차의 지문을
한 번씩 읽은 다음 문제를 풀어 보세요.

11일차

1 다음 밑줄 친 두 낱말의 관계와 비슷한 것을 고르세요. (   )

> 파브르는 어린 시절에 시골 할아버지 집에서 살았어요. 자연과 친구가 되어 자란 파브르는 곤충이나 동물을 관찰하는 일을 좋아했어요.

① 땅 - 하늘 ② 수박 - 과일 ③ 도시 - 시골 ④ 친구 - 벗

12일차 14일차 15일차

2 다음 인물에 대한 설명으로 알맞은 것을 찾아 줄로 이으세요.

석주명 •	• '폴로늄'과 '라듐'을 발견했어요.
권기옥 •	• 우리나라 나비에 우리말로 이름을 붙였어요.
마리 퀴리 •	• 우리나라 최초의 여성 비행사가 되었어요.

11일차

3 파브르가 책을 읽고 나서 할 일로 맞는 것을 고르세요. (   )

> 파브르는 곤충에 대해 공부하다가 곤충학자 뒤프레가 쓴 책을 읽고 호기심이 생겼어요. 진노래기벌이 사냥한 비단벌레는 시간이 지나도 썩지 않는다는 내용이었어요.

① 진노래기벌의 독침이 안전한 이유를 알아본다.
② 진노래기벌이라는 이름이 붙여진 이유를 알아본다.
③ 진노래기벌이 비단벌레를 잡아먹는 이유를 알아본다.
④ 진노래기벌이 사냥한 비단벌레가 썩지 않는 이유를 알아본다.

(12일차)(13일차)(14일차)(15일차)

4 다음 인물들에 대한 설명으로 틀린 것을 고르세요. (　　　)

① 마리 퀴리는 방사능 물질을 찾기 위해 실험을 수없이 반복했어요.
② 석주명은 나비를 직접 채집하고 표본으로 만들었어요.
③ 권기옥은 비행사가 되기 위해 중국의 육군항공학교를 직접 찾아갔어요.
④ 파스퇴르는 질병을 일으키는 세균을 찾기 위해 아프리카로 갔어요.

(15일차)

5 다음 글을 읽고, 중심 내용으로 맞는 것을 고르세요. (　　　)

> 하지만 당시에 여자가 비행사가 되기는 어려웠어요. 여자라는 이유로 몇몇 비행 학교에서 거절당한 권기옥은 임시 정부의 추천서를 들고 중국의 윈난 육군항공학교를 직접 찾아갔어요. 학교까지 가는 길은 매우 험난했어요. 며칠씩 배를 타고 도착해 기차로 갈아탄 뒤 걷고 또 걸어야 했지요.

① 비행사가 되기 위한 노력　② 비행 학교에서 실시한 시험
③ 비행사가 되고 나서 한 일　④ 비행 학교에서 가르치는 과목

매체 활용
(11일차)

6 다음 곤충 박물관의 안내판을 읽고, 매미의 특징이 아닌 것을 고르세요. (　　　)

> **큰 소리로 노래를 부르는 곤충, 매미**
> - 수컷은 암컷을 유혹하기 위해 울음소리를 내며, 종마다 울음소리가 다르다.
> - 바늘처럼 생긴 입을 나무의 줄기나 뿌리에 꽂아 넣고, 나무의 수액을 빨아 먹으면서 생활한다.
> - 짝짓기를 마친 수컷은 곧바로 죽으며, 암컷은 나무의 껍질이나 줄기 속에 알을 낳고 죽는다.

① 짝짓기를 마친 수컷은 곧바로 죽는다.
② 짝짓기를 마친 암컷은 나무의 껍질이나 줄기 속에 알을 낳고 죽는다.
③ 수컷은 암컷을 유혹하는 울음소리를 내는데, 모든 종의 울음소리가 같다.
④ 나무의 줄기나 뿌리에 바늘처럼 생긴 입을 꽂아 넣고 나무의 수액을 빨아먹는다.

곤충 시인 파브르의 살아 있는 곤충 이야기

▲ 《곤충기》 속 귀뚜라미

《곤충기》는 파브르가 50대 때 1권을 펴낸 것을 시작으로 무려 30년에 걸쳐 발표한 책이야. 모두 10권으로 이루어져 있지. 쇠똥구리, 벌, 딱정벌레, 풍뎅이 같은 곤충들의 본능이나 생활 습관, 잘 알려지지 않은 숨은 비밀까지 담겨 있어. 곤충학자의 눈으로 끈질기게 관찰하고 기록한 내용으로 이루어져 있는 《곤충기》는 오늘날까지도 '곤충학의 성경'으로 사랑받고 있어. 파브르는 《곤충기》에서 곤충의 생활을 시, 기행문, 일기, 수필 등의 다양한 형식을 활용하여 문학적으로 나타내 '곤충 시인'이라는 별명을 얻었어. 곤충이라는 작은 생명체를 통해 인간의 삶까지 돌아보게 하는 최고의 작품이야.

낮은 온도에서도 세균을 죽일 수 있다고?

▲ 루이 파스퇴르

옛날부터 사람들은 음식을 상하지 않게 하려고 고온에서 끓여 보관했어. 하지만 고온으로 끓이면 음식의 맛과 향이 변하거나 영양소가 파괴되기도 했지. 파스퇴르는 우유나 포도주 같은 음식을 섭씨 50~60도 정도의 낮은 온도에서 30분간 데우기만 해도 음식을 상하게 하는 미생물을 없애는 '저온 살균법'을 개발했어. 저온 살균법은 음식의 맛과 영양소는 지키면서 질병을 일으키는 세균만 없애는, 아주 놀라운 방법이야. 이후 세계 각국에 알려진 파스퇴르의 저온 살균법 덕분에 식품 저장 기간이 늘어났고, 식품을 멀리까지 운반할 수 있게 되어 사람들의 생활이 편리해졌어.

마리 퀴리, 판테온 사원에 잠들다

▲ 마리 퀴리

1995년 4월 20일, 마리 퀴리는 세상을 떠난 지 61년 만에 남편 피에르 퀴리와 함께 프랑스 파리에 있는 판테온 사원에 묻히게 되었어. 판테온은 프랑스 역사에 이름을 남긴 영웅이나 위인들만 묻힐 수 있는 국립묘지야. 1744년, 프랑스 왕 루이 15세가 자신의 병이 나은 것을 신에게 감사하기 위해 지은 교회인데, 위인들이 묻히는 국립묘지로 바뀌게 되었어. 판테온 지하에는 철학자 볼테르, 사상가 루소, 소설가 에밀 졸라, 소설가 빅토르 위고 같은 프랑스 역사에 길이 남을 위인들이 영원히 잠들어 있지.

3주

아트 스미스를 보고 비행사가 된 사람이 또 있다고?

▲ 한반도를 처음 비행한 안창남

우리나라 최초의 남자 비행사인 안창남도 권기옥처럼 미국 비행사 아트 스미스의 곡예비행을 보고 조종사의 꿈을 키웠어. 안창남은 일본 비행학교를 졸업하고 비행사 자격증을 딴 뒤, 일본의 한 비행 대회에서 우승을 차지하기도 했지. 덕분에 동아일보의 초청으로 서울 여의도 비행장에서 비행을 선보이며 우리나라의 영웅이 되었어. 한국인 비행사로서 처음 한국 상공을 날았던 안창남의 비행이 우리 국민들에게 민족적 자부심을 일깨워 주었지. 그리고 안창남은 중국으로 건너가 중국 비행학교에서 조종사를 길러 내고 독립 단체에 가입해 독립 운동에 매달렸어. 하지만 비행 교육을 하다 추락하는 바람에 29세의 젊은 나이로 안타깝게 세상을 떠나고 말았지.

16 일차

루이 브라유

여섯 개의 점으로 어둠을 밝히다

루이 브라유는 세 살이 되던 해, 아버지의 작업장에서 놀다가 왼쪽 눈을 다쳐 시력을 잃었어요. 그러다 오른쪽 눈마저 병균에 감염되어 완전히 앞을 볼 수 없게 되었지요. 하지만 브라유는 좌절하지 않고 열심히 읽고 쓰는 법을 익혔어요.

당시에 브라유와 같은 시각 장애인이 글을 읽으려면 글자 모양 그대로 종이 위에 볼록하게 새긴 돋음 문자를 익혀야 했어요. 하지만 돋음 문자는 글자의 크기가 크고, 손으로 더듬어 읽어 내기가 매우 어렵고 불편했어요.

'나처럼 앞이 보이지 않는 사람들이 쉽게 글을 읽을 수는 없을까?'

돋음 문자 대신 더 쉽고 간단한 문자를 만들고 싶었던 브라유는 어딜 가든 작은 송곳으로 글자를 써 보며 궁리했어요. 그러다 우연히 군인들이 사용하는, 점으로 된 암호 문자를 접하고 좋은 생각이 났어요.

"그래, 알파벳을 점으로 나타내 보자!"

점 하나를 찍으면 A, 점 두 개를 찍으면 B……. 루이 브라유는 점으로 직접 문자를 만들어 보기로 했어요. 그러다 마침내 단 6개의 점으로 알파벳 26자를 모두 표기할 수 있는 '브라유 점자'를 발명했어요.

브라유 점자는 읽기도 쉽고 쓰기도 쉬웠어요. 처음에는 알파벳만 표기할 수 있었지만, 나중에는 수학이나 음악 기호를 표기할 수 있도록 개발했지요. 브라유가 만든 점자 덕분에 앞을 보지 못해 어둠 속에 갇힌 사람들도 손끝으로 세상을 읽을 수 있게 되었어요.

발명가

루이 브라유

프랑스(1809~1852년)

프랑스의 발명가. 사고로 시력을 잃고, 6개의 점으로 알파벳 26자를 표현할 수 있는 브라유 점자를 발명하여 시각 장애인도 손쉽게 글을 읽고 쓸 수 있게 함.

1809	1811	1819	1824	1829
프랑스에서 태어남.	사고를 당해 시력을 잃음.	파리 왕립 맹아 학교에 입학함.	6개의 점으로 점자를 만듦.	점자로 악보를 작성하는 방법에 대한 책을 펴냄.

1 글을 읽고, 알맞은 말에 ○표 하세요.

돋음 문자는 (점으로 / 글자 모양 그대로) 종이 위에 볼록하게 새긴 문자로, 손으로 더듬어 읽어 내기가 (어려웠어요. / 쉬웠어요.)

2 루이 브라유가 시각 장애인을 위해 발명한 문자의 이름을 쓰세요.

✎ ____________________

3 루이 브라유가 새로운 문자를 발명한 이유를 모두 고르세요. (,)

① 돋음 문자는 시각 장애인이 사용하기 어려웠기 때문이에요.
② 아버지가 앞을 볼 수 없게 되었기 때문이에요.
③ 군인들이 쓰는 암호 문자를 만들고 싶었기 때문이에요.
④ 시각 장애인이 쉽게 읽을 수 있는 글자를 만들고 싶었기 때문이에요.

4 브라유 점자의 특징에 대한 설명으로 맞는 것을 고르세요. ( )

① 6개의 점으로 알파벳 26자를 모두 표기할 수 있어요.
② 읽는 것은 쉽지만 쓰는 것은 어려운 문자예요.
③ 수학과 음악 기호는 표기할 수 없어요.
④ 12개의 점으로 알파벳을 표기할 수 있어요.

어휘 풀이

- **좌절하다** 하던 일이 뜻대로 되지 않아 마음이 꺾이다.
- **돋음 문자** 프랑스의 발렌틴 아위가 시각 장애인을 위해 알파벳을 종이 위에 볼록하게 새겨 만든 문자.
- **궁리하다** 깊이 생각하다.
- **표기하다** 적어서 나타내다.
- **점자** 종이 위에 도드라진 점들을 손가락으로 더듬어 읽게 만든 시각 장애인용 문자.

17 일차

라이트 형제

하늘의 문을 열다

형 윌버 라이트와 동생 오빌 라이트 형제는 어릴 때부터 손재주도 남달랐고 기계에 관심이 많았어요. 어느 날, 독일에서 하늘을 나는 실험을 했다는 기사를 보고 라이트 형제는 하늘을 날고 싶다는 꿈을 꾸게 되었어요.

라이트 형제는 하늘을 날기 위한 비행기를 만들기 위해 밤낮으로 연구했어요. 하늘을 날려면 바람을 탈 수 있는 날개와 가벼우면서도 강한 엔진이 필요했어요. 또, 비행기의 방향을 조절할 수 있는 장치도 필요했지요. 라이트 형제는 여러 모형의 날개를 실험하며 비행에 적합한 날개를 만들었어요. 그리고 자동차 엔진을 개조해서 가볍고 강한 비행기 엔진을 만드는 데 성공했어요. 하지만 문제는 방향을 조절하는 장치였어요.

"저 새를 봐! 날개를 살짝 비틀어서 방향을 바꾸고 있어."

라이트 형제는 새가 하늘을 나는 모습을 참고하여 방향 조절 장치를 만들었어요. 그리고 수많은 실험 끝에 만든 세계 최초의 비행기를 '플라이어호'라고 이름 붙였지요.

라이트 형제는 플라이어호를 날려 보기 위해 바람이 일정하게 불고 모래사장이 넓은 곳을 찾았어요. 동생 오빌이 플라이어호의 엔진에 시동을 걸자, 플라이어호가 천천히 하늘로 떠올랐어요. 마침내 오빌은 비행기를 타고 하늘을 날았어요.

"우아, 하늘을 날고 있어!"

라이트 형제의 꿈이 이루어지는 순간이었어요. 수많은 실험을 하며 포기하지 않고 끈질기게 노력한 결과, 라이트 형제는 하늘을 날고 싶다는 꿈을 이룰 수 있었어요.

비행기 제작자
윌버 라이트
미국(1867~1912년)
오빌 라이트
미국(1871~1948년)

미국의 비행기 제작자 형제. 세계 최초로 동력 비행기를 조종하여 비행에 성공하고, 미국에서 라이트 비행기 회사를 설립함.

- 1867: 미국에서 윌버 라이트가 태어남.
- 1871: 미국에서 오빌 라이트가 태어남.
- 1900: 키티호크 마을에서 글라이더 비행을 시험함.
- 1903: 세계 최초의 동력 비행기 플라이어호를 만들고 비행에 성공함.
- 1909: 비행기 제작 회사를 설립함.

1 라이트 형제에 대한 설명으로 틀린 것을 고르세요. (　　)

① 어릴 때부터 기계에 관심이 많았어요.
② 하늘을 날아 유명해지고 싶어 했어요.
③ 수많은 실험을 하며 포기하지 않고 끈질기게 노력했어요.
④ 세계 최초의 비행기를 만드는 데 성공했어요.

2 라이트 형제가 만든 비행기에 대한 설명으로 맞으면 ○표, 틀리면 X표 하세요.

(1) 자동차 엔진을 개조해 비행기 엔진을 만들었어요. (　　)
(2) 여러 모형의 날개를 실험하며 적합한 날개를 만들었어요. (　　)
(3) 바람의 힘으로만 하늘을 날았어요. (　　)

3 라이트 형제가 새가 날개를 비트는 모습을 참고해서 만든 것은 무엇인지 ○표 하세요.

엔진	날개	방향 조절 장치

4 라이트 형제가 세계 최초로 만든 비행기의 이름은 무엇인지 쓰세요.

✎ ____________________

어휘 풀이

- **조절하다** 적당하게 맞추어 나가다.
- **적합하다** 일이나 조건 따위에 꼭 알맞다.
- **개조하다** 고쳐 만들거나 바꾸다.
- **참고하다** 살펴서 도움이 되도록 하다.

18 일차

닐 암스트롱

인류 최초로 달을 밟다

어린 시절부터 유난히 비행기를 좋아했던 닐 암스트롱은 비행학교에 진학하여 전투 비행사가 되었어요. 그는 6·25 전쟁 때 공군 비행사로 활약하기도 했지요.

1961년, 소련에서 세계 최초로 우주 비행에 성공했어요. 그전까지 사람들에게 우주는 미지의 영역이었어요. 소련이 달에 무인 탐사선을 보내자 미국에서는 인간을 태운 유인 탐사선을 달에 보내겠다는 계획을 세웠어요. 이때, 암스트롱은 미국 항공 우주국에 들어가 우주 비행사가 되기 위한 훈련에 참여했어요.

암스트롱은 무중력 상태에 적응하기 위해 물탱크 속에서 헤엄쳐 다니기도 했고, 우주선이 출발하는 순간에 받을 수 있는 큰 힘을 견디기 위해 회전 기계 안을 돌기도 했어요. 그는 우주 비행사의 꿈을 이루기 위해 힘든 훈련을 참고 이겨 냈어요.

4년간의 훈련을 마친 암스트롱은 아폴로 11호의 선장이 되었어요. 암스트롱이 탄 아폴로 11호는 우주로 힘차게 날아갔고, 암스트롱은 인류 최초로 달 착륙에 성공했어요. 암스트롱은 달 위에서 발걸음을 힘차게 내딛으며 이렇게 말했어요.

"이것은 한 인간에게는 작은 한 걸음이지만 인류에게는 위대한 도약이다."

암스트롱은 달 표면에서 흙과 암석 표본을 채취하고, 지구에서 가져간 여러 과학 장비를 설치했어요. 그리고 2시간 30분 동안 달에 머물며 달 탐사 임무를 마치고 무사히 지구로 돌아왔어요. 암스트롱이 달 탐사에 성공한 덕분에 우주 개발에 대한 관심이 커졌고, 인류는 우주 과학 기술을 크게 발전시킬 수 있었어요.

우주 비행사

닐 암스트롱

미국(1930~2012년)

미국의 우주 비행사. 미국 항공 우주국에 들어가, 아폴로 11호를 타고 인류 최초로 달 착륙에 성공함.

1930	1950	1962	1966	1969
미국에서 태어남.	6·25 전쟁에 참전해 전투 비행사로 활약함.	미국 항공 우주국의 우주 비행사로 뽑힘.	제미니 8호 선장으로 첫 우주 비행을 함.	아폴로 11호 선장으로 달 착륙에 성공함.

1 글을 읽고, 빈 곳에 알맞은 말을 쓰세요.

미국은 달 탐사선에 인간을 태워 보낼 계획을 세웠고, 미국 항공 우주국에 들어간 암스트롱은 ______________가 되기 위해 훈련했어요.

2 암스트롱이 달 탐사를 위해 타고 갔던 우주선의 이름을 쓰세요.

____

3 암스트롱이 달에 착륙하여 한 일이 아닌 것을 고르세요. (　　　)

① 무중력 상태에 적응하기 위한 훈련을 했어요.
② 달 표면에서 흙과 암석 표본을 채취했어요.
③ 2시간 30분 동안 달에 머물며 달 탐사 임무를 마치고 돌아왔어요.
④ 지구에서 가져간 여러 과학 장비들을 설치했어요.

4 이 글의 내용에 대해 바르게 말한 아이를 찾아 이름에 ○표 하세요.

선화 미국보다 먼저 소련의 우주 비행사가 달 착륙에 성공했어.
우정 암스트롱은 세계 최초로 달에 착륙한 사람이야.
자경 암스트롱은 미국 항공 우주국에서 전투 비행사로 활약했어.
정은 아폴로 11호는 인류 최초로 화성에 착륙했어.

어휘 풀이

- **미지** 아직 알지 못함.
- **미국 항공 우주국** 미국이 우주 개발 계획을 추진하기 위해 세운 기관으로, 흔히 '나사(NASA)'라고 함.
- **무중력** 마치 중력이 없는 것처럼 느끼는 현상.
- **도약** 더 높은 단계로 올라가는 것을 비유하여 이르는 말.

19 일차

알베르트 아인슈타인

시간과 공간의 비밀을 밝히다

천재 과학자로 알려진 아인슈타인은 어렸을 때부터 뛰어난 아이는 아니었으나 늘 호기심이 많은 아이였어요.

어느 날, 아인슈타인은 나침반을 보고 빨간 바늘이 왜 항상 북쪽을 가리키는지 궁금증이 생겼어요. 책에서 그 이유를 찾아냈지요. '나침반의 바늘은 자석인데, 지구 역시 커다란 자석이라서 나침반의 N극은 S극을 띠고 있는 북극을 항상 가리키는구나.' 그 뒤로 아인슈타인은 자연에서 일어나는 여러 현상들의 이유를 밝히는 데 몰두했어요.

아인슈타인이 가장 관심을 가졌던 것은 빛이었어요.

'빛의 속도로 달리면 무슨 일이 일어날까? 시간과 공간은 절대적인 걸까?'

아인슈타인은 시간이 정말 항상 어느 곳에서나 일정하게 흐르는지, 빛의 속도는 늘 같은지 궁금했어요. 그 답을 찾기 위해 연구하다 마침내 새로운 이론을 내놓았어요.

아인슈타인은 빛은 항상 똑같은 속도로 움직이며 우주에서 그 무엇이라도 빛보다 더 빠를 수는 없다고 했어요. 시간과 공간은 상대적이며 어떤 물체가 빛의 빠르기로 움직이면 그렇지 않은 물체의 시간보다 천천히 흐른다고 했답니다. 그리고 아주 큰 힘이 작용하면 시간과 공간뿐만 아니라 빛도 휘어진다고 주장했어요. 이것이 바로 세상 사람들을 깜짝 놀라게 한 '상대성 이론'이에요. 빛을 빨아들이는 블랙홀이 우주에서 발견되면서 아인슈타인의 이론이 맞았다는 것이 증명되었어요.

아인슈타인은 뛰어난 업적을 인정받아 노벨 물리학상을 받았고, 가장 위대한 과학자로 평가받고 있답니다.

과학자

알베르트 아인슈타인

독일(1879~1955년)

독일 태생의 미국 물리학자. 상대성 이론을 발표하여 사람들이 그동안 지닌, 우주의 시간과 공간에 대한 생각을 뒤집음. 연구 업적을 인정받아 노벨 물리학상을 받음.

1879	1905	1916	1921	1933
독일에서 태어남.	특수 상대성 이론을 발표함.	일반 상대성 이론을 발표함.	노벨 물리학상을 받음.	나치를 피해 미국으로 건너감.

1 아인슈타인이 관심을 가졌던 것이 무엇인지 모두 찾아 ○표 하세요.

시간과 공간	빛	소리

2 아인슈타인이 주장한 내용으로 맞는 것을 모두 고르세요. (,)

① 빛의 속도는 늘 같다.

② 빛보다 빠른 물체가 있다.

③ 시간은 모든 상황에서 늘 똑같이 흐른다.

④ 어떤 물체가 빛의 빠르기로 움직이면 그렇지 않은 물체의 시간보다 천천히 흐른다.

3 아인슈타인이 시간과 공간의 관계에 대한 생각을 밝힌 이론이 무엇인지 쓰세요.

✎ ____________________

4 아인슈타인에 대한 설명으로 맞으면 ○표, 틀리면 X표 하세요.

(1) 아주 큰 힘이 작용하면 시간과 공간, 빛이 휘어진다고 생각했어요. ( )

(2) 블랙홀이 발견되어 그의 이론은 틀린 것으로 증명되었어요. ( )

(3) 뛰어난 업적을 인정받아 노벨 물리학상을 받았어요. ( )

어휘 풀이

- **절대적** 아무런 조건이나 제약이 붙지 않는.
- **일정하다** 어떤 것의 양, 성질, 상태 따위가 달라지지 않고 한결같다.
- **상대적** 서로 맞서거나 비교되는 관계에 있는.
- **작용** 어떠한 원인이나 대상이 다른 대상이나 원인에 기여함.
- **블랙홀** 강한 중력에 의해 빛조차 빠져나올 수 없어서 검게 보이는 천체.

스티븐 호킹

신비한 블랙홀의 비밀을 밝혀내다

어린 시절 별명이 책벌레였던 스티븐 호킹은 별을 관찰하는 것을 가장 좋아했어요. 호킹은 밤하늘의 별을 보며 우주에 대한 궁금증을 키워 나갔어요.

'우주는 언제 생겨났을까? 별은 어떻게 만들어졌을까?'

그러던 어느 날, 호킹은 의사로부터 청천벽력 같은 말을 들었어요. 온몸이 굳어 가는 루게릭병으로 얼마 살지 못할 거라는 말이었지요. 그 말을 듣고 처음에는 좌절했지만 알고 싶은 것이 많았던 호킹은 주어진 시간을 헛되게 보내지 않겠다고 마음먹었어요. 그리고 우주에 대해 더 열심히 연구하여 세상이 깜짝 놀랄 만한 이론을 발표했어요.

"블랙홀은 모든 것을 빨아들이기만 하는 게 아니라, 열과 빛을 밖으로 내보내기도 합니다. 그리고 블랙홀은 점점 줄어들다가 폭발하여 사라집니다."

그때까지 과학자들은 블랙홀이 모든 것을 빨아들이기만 한다고 생각했어요. 그런데 블랙홀이 열과 빛을 낸다는 호킹의 생각은 과학계를 뒤집어 놓았어요. 블랙홀의 비밀을 밝혀낸 호킹은 상을 여러 번 받았고, 세계적인 대학의 교수도 되었어요. 몸은 병으로 점점 굳어져 갔지만, 호킹은 세계 곳곳을 다니며 우주에 대해 열정적으로 강의했지요.

호킹은 많은 사람들에게 우주의 비밀을 알려 주고 싶었어요. 그래서 우주에 대한 연구 내용을 알기 쉽게 풀어 《시간의 역사》라는 책을 썼어요. 《시간의 역사》는 우주의 기원과 운명, 팽창하는 우주 등에 관한 내용을 다루고 있어요.

호킹은 의사의 진단 결과에 절망하지 않고, 학문에 열정을 쏟아 세계적인 과학자로 이름을 남길 수 있었답니다.

과학자

스티븐 호킹

영국(1942~2018년)

영국의 물리학자. 루게릭병에 걸린 후 병과 싸우면서 우주에 관해 연구하며, '특이점 정리', '블랙홀 증발 이론' 등 우주를 이해하는 새로운 이론을 내놓음.

1942	1963	1967	1974	1988
영국에서 태어남.	루게릭병 진단을 받음.	블랙홀의 특이점 이론을 발표함.	블랙홀 증발 이론을 발표함.	《시간의 역사》를 펴냄.

1 호킹의 어린 시절과 관련 없는 내용을 찾아 ○표 하세요.

별명이 책벌레였어요.	밤하늘의 별을 보며 우주에 대한 궁금증을 키워 나갔어요.	그림 그리기를 좋아했어요.

2 글을 읽고, 빈 곳에 알맞은 말을 쓰세요.

호킹은 온몸이 굳어 가는 ____________ 을 진단받았지만 주어진 시간을 헛되게 보내지 않겠다고 마음먹었어요.

3 호킹이 발표한 이론과 관련 없는 내용을 모두 고르세요. (,)

① 블랙홀은 열과 빛을 밖으로 내보내기도 한다.
② 블랙홀은 모든 것을 빨아들이기만 한다.
③ 블랙홀은 폭발하여 사라진다.
④ 블랙홀은 크기가 점점 커지다가 사라진다.

4 호킹이 우주에 대한 연구 내용을 알기 쉽게 쓴 책의 이름을 쓰세요.

____

어휘 풀이

- **청천벽력** 맑게 갠 하늘에서 치는 날벼락이라는 뜻으로, 뜻밖에 일어난 큰 사건을 비유적으로 이르는 말.
- **루게릭병** 운동 신경 세포가 파괴되어 근육이 점점 굳어지면서 몸을 움직일 수 없게 되는 병.
- **기원** 사물이 처음으로 생긴 근본 원인.
- **팽창** 부풀어서 부피가 커짐.
- **진단** 의사가 환자의 병 상태를 판단하는 일.

4 주차

독해력 완성하기

먼저 16~20일차의 지문을
한 번씩 읽은 다음 문제를 풀어 보세요.

(19일차)(20일차)

1 다음 빈칸에 알맞은 말을 보기 에서 찾아 쓰세요.

보기

마침내　　똑바로　　헛되게　　오히려

(1) 호킹은 주어진 시간을 [　|　|　] 보내지 않겠다고 마음먹었어요.

(2) 아인슈타인은 궁금증에 대한 답을 찾기 위해 연구하다 [　|　|　] 새로운 이론을 내놓았어요.

(17일차)(18일차)(19일차)

2 다음 인물과 관련된 것으로 알맞은 것을 보기 에서 찾아 기호를 쓰세요.

보기

㉠ 시간과 공간　　㉡ 비행기　　㉢ 아폴로 11호
㉣ 플라이어호　　㉤ 상대성 이론　　㉥ 우주 비행사

(1) 아인슈타인　　(　　　　)

(2) 암스트롱　　(　　　　)

(3) 라이트 형제　　(　　　　)

(20일차)

3 다음 글의 내용과 관련이 없는 것을 고르세요.　　(　　　　)

"블랙홀은 모든 것을 빨아들이기만 하는 게 아니라, 열과 빛을 밖으로 내보내기도 합니다. 그리고 블랙홀은 점점 줄어들다가 폭발하여 사라집니다."

① 블랙홀에 대한 호킹의 생각은 세상을 깜짝 놀라게 했어요.
② 호킹은 우주에 대해 잘 모르는 사람들을 답답하게 생각했어요.
③ 블랙홀이 열과 빛을 낸다는 호킹의 생각은 과학계를 뒤집어 놓았어요.
④ 신비한 블랙홀의 비밀을 밝혀낸 호킹은 상도 받고 대학교수도 되었어요.

(16일차)

4 다음 글을 읽고, 빈칸에 알맞은 말을 고르세요. (　　　)

> 점 하나를 찍으면 A, 점 두 개를 찍으면 B……. 루이 브라유는 점으로 직접 문자를 만들어 보기로 했어요. 그러다 마침내 단 6개의 점으로 알파벳 26자를 모두 표기할 수 있는 '브라유 □□'를 발명했어요.

① 점자　　② 영어　　③ 암호　　④ 한자

(17일차)

5 라이트 형제가 비행기를 만든 과정과 거리가 먼 것을 고르세요. (　　　)

① 자동차 엔진을 개조해 비행기 엔진을 만들었어요.
② 단 한 번의 실험으로 비행에 적합한 날개를 만들었어요.
③ 수많은 실험을 하며 포기하지 않고 끈질기게 노력했어요.
④ 방향 조절 장치는 새가 날 때 날개를 비트는 모습을 참고해서 만들었어요.

매체 활용

(18일차)

6 다음 우주인의 일기를 읽고, 틀린 내용을 고르세요. (　　　)

> 20○○년 ○○월 ○○일
> 우주 정거장에서 생활한 지 한 달이 지났다. 우주 정거장에서 바라본 지구는 너무 아름답다. 우리 우주인들은 무중력 상태인 우주선 안에서 오랫동안 생활해야 하기 때문에 지구에서 생활할 때보다 강한 정신력과 체력이 필요하다. 그리고 폐쇄된 공간에서 외로운 생활도 이겨 내야 한다. 우주복 같은 특수 장비의 도움이 없이는 생활할 수 없는 어려운 환경이지만, 맡은 임무를 잘해 내야 하므로 인내심이 필요하다.

① 우주인은 폐쇄된 공간에서 외로운 생활도 이겨 내야 한다.
② 우주인은 무중력 상태인 우주선 안에서 오랫동안 생활해야 한다.
③ 우주인은 지구에서 생활할 때보다 강한 정신력과 체력이 필요하다.
④ 우주인은 특수 장비의 도움을 받으므로 인내심이 크게 필요하지 않다.

비행기의 날개 끝은 왜 꺾여 있을까?

▲ 윙렛이 달려 있는 비행기

비행기의 날개 끝이 위로 꺾여 있는 것을 본 적 있니? 날개가 곧게 뻗어 있지 않고 왜 위로 꺾여 있는 걸까? 이 부분을 '작은 날개'라는 뜻의 '윙렛'이라고 부르는데, 작지만 아주 중요한 역할을 해. 비행을 할 때 비행기 날개의 앞부분에서는 직선으로 곧게 들어오던 공기가 날개 끝부분에서는 소용돌이처럼 변한단다. 이 소용돌이가 비행을 방해해. 그런데 날개 끝을 위로 세우면 소용돌이를 막아 줄 수 있대.

하지만 모든 비행기에 윙렛이 달려 있는 건 아니야. 소용돌이를 막을 수 있는 다른 장치가 있는 비행기에는 윙렛이 달려 있지 않아.

우주 시대를 앞당긴 아폴로 11호

▲ 행성을 탐사하는 우주인

소련이 세계 최초로 인공위성 발사에 성공하자, 미국도 우주 개발에 본격적으로 뛰어들었어. 미국은 인간을 달에 착륙시켰다가 지구로 무사히 돌아오게 하는 것을 목표로 하는 아폴로 계획을 세웠어. 1969년, 아폴로 11호의 달 착륙 성공은 우주 시대를 한발 앞당기는 계기가 됐지. 과학자들은 아폴로 11호가 달에 설치한 장치를 이용해서 지구와 달의 거리를 정확히 측정했어. 그리고 달에서 가져온 암석들에 대해 분석하여 아주 먼 옛날에 지구와 달 사이에 무슨 일이 있었는지 밝혀냈지. 아폴로 11호의 성공 이후, 미국의 유인 우주선은 5번이나 달에 갔단다.

영화 <인터스텔라>에 숨어 있는 비밀이 있다고?

▲ 우주 정거장

영화 <인터스텔라>는 인간의 잘못으로 지구에서 사람들이 살 수 없는 환경이 되자, 황폐해진 지구 대신 생명체가 살 수 있는 새로운 행성을 탐사하는 과정을 그린 공상 과학 영화야. 주인공이 우주로 떠났을 때의 나이가 30대였고, 딸은 어린 아이였지. 지구로 돌아온 주인공은 여전히 30대였지만 딸은 늙어 버렸어. 어떻게 이런 일이 일어날 수 있었을까?

여기에는 아인슈타인의 상대성 이론이 숨어 있어. 우주에서 시간과 공간은 절대적이지 않고, 어떤 곳의 중력이 강할수록 시간은 더 느리게 간다는 이론이야. 주인공이 탐사한 행성의 중력이 지구보다 훨씬 강해서, 행성 탐사를 하는 동안 주인공의 시간은 느리게 갔고 지구에 있던 딸의 시간은 상대적으로 빠르게 갔던 거야.

우리가 살고 있는 우주는 어떻게 생겨났을까?

▲ 우주의 모습

'빅뱅 이론'은 미국의 물리학자 가모프가 체계화한 이론이야. '꽝!' 하는 대폭발로 우주가 생겨났다는 거지. 무려 138억 년 전에, 하나의 점 같은 상태에서 대폭발로 우주가 생겨났고, 그때부터 지금까지 우주는 계속 커지고 있다는 거야.

하지만, 옛날 사람들은 우주가 처음부터 지금과 같은 모습일 거라고 생각했어. 그래서 우주가 아주 작은 점에서 일어난 대폭발로 시작되었다는 사실을 믿지 못했지. 하지만 이제 '빅뱅 이론'은 우주 탄생에 관한 가장 일반적인 이론으로 인정되고 있어. 빅뱅 이론을 뒷받침해 주는 다양한 흔적들이 우주에서 발견되고 있기 때문이지.

21
일차

선덕 여왕

신라를 강한 나라로 만들다

덕만 공주는 신라 진평왕의 큰딸로 태어났어요. 신라에는 혈통의 높고 낮음에 따라 신분을 구분하는 '골품제'가 있었어요. 골품제에 따르면 부모가 모두 왕족인 사람만 왕이 될 수 있었지요. 진평왕에게는 아들은 없고 딸만 있었기 때문에, 큰딸인 덕만 공주가 왕이 되었어요. 덕만 공주가 바로 우리나라 최초의 여왕, 선덕 여왕이지요.

선덕 여왕은 하늘의 뜻에 따라 나라를 다스리기 위해 첨성대를 만들었어요. 첨성대는 별자리의 움직임을 보고 하늘을 관측하는 천문대예요. 첨성대에는 작은 문이 있는데, 그곳으로 사람이 들어가 사다리를 타고 올라가 별을 관측했다고 해요. 첨성대에서는 별자리를 관측하여 나라의 운명을 점치기도 하였고, 계절의 변화를 알아내어 농사에 도움을 주었답니다. 첨성대는 현존하는, 세계에서 가장 오래된 천문대랍니다.

한편, 당시 신라는 주변 나라로부터 위협을 많이 받고 있었어요. 선덕 여왕은 다른 나라가 신라를 넘볼 수 없는 방법을 고민했어요.

"부처님의 힘으로 신라를 지켜 내야 해."

선덕 여왕은 부처님의 힘을 빌리기 위해서는 신라 사람들의 마음을 하나로 모아야 한다고 생각했어요. 그리하여 황룡사 앞마당에 80미터 높이의 거대한 9층 목탑을 세웠어요. 그리고 층마다 신라를 위협하던 아홉 나라의 이름을 새겨, 아홉 나라가 신라를 섬기도록 바라는 마음을 담았어요.

선덕 여왕은 국내외의 어지러운 상황에도 문화를 발전시켰고 나라를 지키기 위해 애썼어요. 이러한 노력은 삼국 통일의 바탕이 되었답니다.

정치가

선덕 여왕
신라 시대(580~647년)

신라 최초의 여왕이자 제27대 왕. 첨성대와 황룡사 9층 목탑을 세우는 등 신라의 문화 발전을 위해 노력했으며, 삼국 통일의 기초를 마련함.

580	632	632	634	645
진평왕의 첫째 딸로 태어남.	왕위에 오름.	첨성대를 만들기 시작함.	분황사를 세움.	황룡사 9층 목탑을 완성함.

1 선덕 여왕이 왕이 된 이유를 바르게 말한 아이를 찾아 이름에 ○표 하세요.

윤조 진평왕에게 아들이 없었기 때문에 큰딸이 왕이 된 거야.

진수 진평왕의 아들이 왕이 되고 싶어 하지 않았기 때문이야.

지만 큰딸 덕만 공주가 아들보다 능력이 뛰어났기 때문이야.

2 선덕 여왕이 만든 천문대의 이름이 무엇인지 쓰세요.

3 첨성대에 대한 설명으로 틀린 것을 고르세요. (　　　)

① 별자리의 움직임을 보고 하늘을 관측하는 천문대예요.
② 별자리 관측을 좋아하는 선덕 여왕을 위해 만들었어요.
③ 별자리를 관측하여 나라의 운명을 점쳤어요.
④ 계절의 변화를 알아내어 농사에 도움을 주었어요.

4 선덕 여왕이 황룡사 9층 목탑을 세운 이유로 맞는 것을 고르세요. (　　　)

① 신라 사람들의 마음을 하나로 모으기 위해서
② 신라 사람들에게 일자리를 만들어 주기 위해서
③ 신라의 목탑 건축 기술을 자랑하기 위해서
④ 신라를 위협하던 나라들을 섬기기 위해서

어휘 풀이

- **혈통** 같은 핏줄.
- **천문대** 천문 현상을 관측하고 연구하기 위하여 설치한 시설.
- **현존하다** 사람, 동물, 물체 따위가 실제로 존재하는 상태이다.
- **황룡사** 신라 제24대 진흥왕 때 짓기 시작하여 선덕 여왕 때 완성한 절.

22 일차

최무선

화약을 발명하여 왜구를 무찌르다

고려 말, 우리 백성들은 왜구의 노략질로 고통을 당하고 있었어요. 최무선은 왜구들을 물리치기 위해 화약이 필요하다고 생각했어요. 하지만 화약은 중국 사람들만 만들 줄 알았고, 중국 사람들은 고려 사람들에게 화약 만드는 방법을 가르쳐 주지 않았어요.

"내 손으로 직접 화약을 만들고야 말겠어!"

최무선은 여러 재료로 실험한 끝에 화약은 숯, 유황, 염초를 섞어 만든다는 것을 알게 되었어요. 숯과 유황은 우리나라에서 쉽게 구할 수 있었지만, 가장 중요한 재료인 염초는 구하기가 쉽지 않았어요. 최무선은 중국 사람에게 화약 만드는 방법을 배우기로 결심했고, 중국 상인들이 많이 오가는 벽란도로 갔어요. 그곳에서 이원이라는 중국 상인을 만나 흙에서 염초를 추출하는 방법을 어렵게 알아냈어요. 그리고 그는 수많은 실험 끝에 마침내 화약을 만드는 데 성공했어요.

최무선은 왜구를 무찌르려면 화약 무기를 사용해야 한다고 주장했어요. 그 주장이 받아들여져 화약을 만들고 관리하는 '화통도감'이라는 관청이 생겼어요. 최무선은 화통도감에서 화약을 발사하는 화포와 여러 가지 화약 무기를 만들었어요. 왜구들이 500여 척의 배를 이끌고 전라도 진포 앞바다에 쳐들어왔을 때, 최무선은 화약 무기로 무장한 전함을 이끌고 나가 왜구들의 배를 모두 불태워 버렸어요.

우리나라 최초로 화약을 발명한 최무선은 평생을 화약 연구에 바치고, 자신이 개발한 화약 무기로 왜구들의 침입을 막아 낸 애국자였어요.

무인

최무선

고려 시대(1325~1395년)

고려 말에서 조선 초기의 무인. 우리나라 최초로 화약을 만들었으며, 고려 정부에 화통도감을 건의하고, 화약 무기를 만들어 왜구를 크게 무찌름.

1325	1375	1377	1380	1389
경상북도에서 태어남.	화약을 만드는 데 성공함.	화통도감을 맡게 됨.	화약 무기를 이용해 진포 대첩에서 승리함.	《화약 수련법》과 《화포법》을 씀.

1 최무선이 화약이 필요하다고 생각한 이유로 맞는 것을 고르세요. ( )

① 우리 백성들이 왜구의 노략질로 고통을 당하고 있었기 때문에
② 화약을 만들어 돈을 벌고 싶었기 때문에
③ 부모님이 화약을 만들어 보라고 권했기 때문에
④ 나라에서 화약 만드는 사람을 구하고 있었기 때문에

2 글을 읽고, 빈 곳에 알맞은 말을 쓰세요.

숯과 ________은 우리나라에서 쉽게 구할 수 있었지만, ________는 구하기가 쉽지 않았어요.

3 최무선이 화약을 개발한 과정의 순서에 맞게 번호를 쓰세요.

중국 상인에게 흙에서 염초를 추출하는 방법을 알아냈어요.	수많은 실험 끝에 화약을 만드는 데 성공했어요.	중국 사람에게 화약 만드는 방법을 배우기로 결심했어요.	화약은 숯, 유황, 염초를 섞어 만든다는 것을 알게 됐어요.
( )	( )	( )	( )

4 최무선의 주장으로 세워진, 화약을 만들고 관리하는 관청의 이름을 쓰세요.

어휘 풀이

- **왜구** 우리나라 바다에서 힘으로 우리 백성들의 재산을 빼앗던 일본 해적.
- **노략질** 떼를 지어 돌아다니며 사람을 해치거나 재물을 강제로 빼앗는 짓.
- **염초** 화약을 만드는 가장 중요한 재료인 질산칼륨 또는 화약의 옛말.
- **벽란도** 고려의 서울인 개경 가까이에 있던 국제 무역항으로, 외국 상인이 많이 왕래하였음.
- **화통도감** 고려 시대에 화약과 화약 무기를 만드는 일을 하던 관청.

23 일차

손기정

우리나라 최초로 올림픽 금메달을 따다

일제 강점기 때 태어난 손기정은 어린 시절부터 달리기를 좋아했어요. 가정 형편이 어려워서 보통학교를 졸업하고 일을 해야 했지요. 차비가 없어 매일 20여 리 길을 달려야 했지만, 덕분에 달리기 실력을 키울 수 있었어요. 손기정은 여러 달리기 대회에 나가 좋은 성적을 냈고, 늦은 나이에 육상으로 유명한 학교에 입학했어요. 그리고 본격적으로 마라톤 훈련을 받게 되었지요.

손기정은 베를린 올림픽 마라톤에 꼭 참가하고 싶었어요. 하지만 일제 강점기였기 때문에 올림픽에 참가할 수 있는 길은 일본의 올림픽 국가 대표로 선발되는 방법밖에 없었어요. 손기정은 일본 선수들을 제치고 일본의 올림픽 국가 대표로 선발되었어요. 비록 일장기를 달고 올림픽에 출전할 수밖에 없었지만, 한국인이라는 사실을 자랑스럽게 생각했어요.

'나 손기정은 자랑스러운 한국인이다!'

1936년 8월 9일, 베를린 올림픽 마라톤 경기가 시작되었어요. 손기정은 자신을 믿고, 자기 속도를 잃지 않기 위해 노력했어요. 마라톤 코스도 미리 철저하게 알아 두었지요. 손기정은 2시간 29분 19초라는 올림픽 세계 최고 기록을 세우며, 한국인 최초로 올림픽 대회에서 금메달을 땄어요.

이후 손기정은 선수들을 훌륭하게 키워 세계 마라톤 대회에서 좋은 성적을 냈어요. 우리나라 최초로 올림픽 금메달을 딴 손기정은 나라가 어려운 시기에 우리 민족에게 용기와 희망을 주어 하나가 될 수 있도록 이끌었답니다.

운동 선수

손기정
대한민국(1912~2002년)

우리나라 최초로 올림픽 대회에서 금메달을 딴 마라톤 선수. 1936년 제11회 베를린 올림픽 대회에 참가해 마라톤에서 우승함.

1912	1931	1932	1936	1988
평안북도에서 태어남.	5,000미터 대회에서 평안북도 대표로 2위를 차지함.	양정 고등 보통학교에 입학함.	베를린 올림픽에서 금메달을 땀.	서울 올림픽 개회식에서 마지막 성화 주자를 맡음.

1 글을 읽고, 빈칸에 알맞은 말을 쓰세요.

손기정은 차비가 없어 매일 20여 리 길을 달려야 했지만, 덕분에 ☐☐☐ 실력을 키울 수 있었어요.

2 손기정이 일장기를 달고 출전할 수밖에 없었던 이유를 찾아 ○표 하세요.

우리나라 올림픽 국가 대표는 이미 선발되었기 때문에	일제 강점기여서 일본 올림픽 국가 대표로 선발되는 방법밖에 없었기 때문에

3 손기정에 대한 글을 읽으면서 알맞은 말에 ○표 하세요.

손기정은 (일장기 / 태극기)를 달고 올림픽에 출전할 수밖에 없었지만, (한국인 / 일본인)이라는 사실을 자랑스럽게 생각했어요.

4 손기정에 대한 설명으로 틀린 것을 고르세요. (   )

① 우리나라 최초로 올림픽 대회에서 금메달을 딴 마라톤 선수였어요.
② 2시간 29분 19초라는 올림픽 세계 최고 기록을 세웠어요.
③ 우승 후보였던 일본인 선수에게 우승을 내주었어요.
④ 자신을 믿고 자기 속도를 잃지 않기 위해 노력했어요.

어휘 풀이

- **보통학교** 일제 강점기에, 우리나라 사람들에게 초등 교육을 하던 학교. 지금의 초등학교.
- **육상** 달리기, 뛰기, 던지기를 기본 동작으로 하여 육상에서 행하여지는 각종 경기를 통틀어 이르는 말.
- **마라톤** 육상 경기에서 42.195킬로미터를 달리는 장거리 경주 종목.
- **일장기** 일본의 국기

카를 벤츠

자동차의 시대를 열다

벤츠는 무엇이든 조립하는 것을 좋아하는 아이였어요. 벤츠는 학교를 졸업한 뒤에 세운 공장에서 다양한 기계를 직접 만들면서 자동차 엔진에 대해 관심을 갖게 되었지요.

벤츠는 자동차에서 가장 중요한 것은 엔진이라고 생각했어요. 엔진은 전기나 열과 같은 에너지를 움직일 수 있는 힘으로 바꿔 주는 장치로, 자동차가 움직이려면 반드시 엔진이 있어야 했기 때문이었지요. 당시에는 수증기를 이용해서 움직이는 증기 자동차가 있었는데, 증기 자동차 엔진은 너무 크고 무거웠어요.

'작고 가벼운 엔진을 만들 수 없을까?'

엔진에 대해 고민하던 벤츠는 훨씬 가볍고 힘이 좋은 가솔린 엔진을 만들었어요. 그리고 가솔린 엔진을 장착한 세 바퀴 자동차를 발명했어요. 벤츠는 사람들에게 세 바퀴 자동차를 선보이기 위해 시험 운전을 했어요. 그러나 시험 운전에 실패하자, 그는 크게 좌절했고 사람들의 관심도 점차 줄어들었어요.

하지만 아내 베르타는 벤츠가 만든 자동차의 성능을 믿었어요. 베르타는 벤츠가 만든 자동차로 장거리 여행에 성공해서, 사람들에게 자동차의 장점을 확인시켜 주었지요. 자신감을 되찾은 벤츠는 내연 기관을 열심히 연구하여 더 강력한 엔진을 장착한 네 바퀴 자동차를 만들었어요.

결국 벤츠의 자동차는 많은 사람들에게 인정받게 되었지요. 가솔린 엔진을 장착한 최초의 자동차를 발명하여 본격적인 자동차의 시대를 연 벤츠는 오늘날까지 '자동차의 아버지'로 불리며 많은 이들의 존경을 받고 있어요.

발명가

카를 벤츠

독일(1844~1929년)

독일의 기술자이자 자동차 발명가. 내연 기관을 연구하여 가솔린 자동차를 발명함. 벤츠 자동차 회사를 설립하고, 이후 다임러 사와 한 회사로 합침.

- 1844: 독일에서 태어남.
- 1878: 가솔린 엔진을 개발함.
- 1883: 자동차 회사 '벤츠 엔 시에'를 설립함.
- 1885: 가솔린 엔진을 단 삼륜 자동차를 발명함.
- 1926: 다임러 사와 합병, '메르세데스 벤츠' 브랜드가 탄생함.

1 글을 읽고, 빈칸에 알맞은 말을 쓰세요.

벤츠는 학교를 졸업한 뒤, 공장에서 다양한 기계를 직접 만들면서 자동차 [|] 에 대해 관심을 갖게 되었어요.

2 벤츠에 대한 글을 읽고, 빈 곳에 공통으로 들어갈 말을 보기 에서 찾아 쓰세요.

보기

가솔린

알코올

벤츠는 증기 자동차 엔진보다 가볍고 힘이 좋은 ________ 엔진을 만들었어요. 그리고 ________ 엔진을 장착한 세 바퀴 자동차를 발명했어요.

3 벤츠가 발명한 세 바퀴 자동차에 관한 내용으로 <u>틀린</u> 것을 고르세요. (   )

① 사람들은 벤츠가 만든 자동차가 나오자마자 줄을 서서 구매했어요.
② 아내 베르타는 벤츠가 만든 자동차를 타고 장거리 여행에 성공했어요.
③ 벤츠가 시험 운전에 실패하자 사람들의 관심이 줄어들었어요.
④ 가볍고 힘이 좋은 가솔린 엔진을 장착한 자동차였어요.

4 자동차의 시대를 연 벤츠가 오늘날 사람들에게 무엇이라고 불리는지 쓰세요.

자동차의 [| |]

어휘 풀이

- **수증기** 기체 상태로 되어 있는 물.
- **가솔린** 석유의 휘발 성분을 이루는 무색의 투명한 액체.
- **장착하다** 장치를 붙이거나 달다.
- **선보이다** 물건의 좋고 나쁨을 가려보이다.
- **내연 기관** 원통 모양의 장치에 연료를 집어넣고 폭발시켜서 생긴 가스의 힘으로 작동하는 원동기.

5주

25 일차

엄홍길

실패를 딛고 히말라야에 오르다

엄홍길은 어린 시절 도봉산에서 암벽 타기를 좋아했어요. 도봉산 중턱에서 등산객에게 음식을 팔던 부모님 덕분에 엄홍길은 자연스레 날마다 등산을 하게 되었지요.

산에 오르는 것을 운명으로 생각했던 엄홍길은 히말라야산맥에서 8,000미터가 넘는 봉우리 16개를 모두 등정하는 데 도전하기로 마음먹었어요. 엄홍길은 세계에서 가장 높은 봉우리인 에베레스트산부터 도전했어요. 하지만 첫 번째, 두 번째 도전 모두 실패했어요. 두 번째 도전 때는 함께 산을 오르던 셰르파가 목숨을 잃어 힘든 시간을 보내야 했어요. 그래도 엄홍길은 포기하지 않았고, 세 번째 도전 끝에 에베레스트산 등반에 성공했어요.

"도전하는 사람만이 성공할 수 있어!"

엄홍길은 8,000미터 넘는 봉우리를 하나씩 등정하면서 자신감이 생겼어요. 그는 마침내 세계 최초로 히말라야 산맥 중에서 8,000미터가 넘는 봉우리를 16개나 등반하는 데 성공했어요. 그의 화려한 기록 뒤에는 많은 실패가 쌓여 있답니다. 그리고 그는 산을 오를 때마다 산을 정복하는 것이 아니라 산이 잠시 정상을 빌려준다는 생각을 한다고 해요. 자만하지 않고 겸손한 태도로 산을 오른 것 역시 그가 히말라야 16개 봉우리 등정의 꿈을 이루는 데 도움이 되었어요.

산악인 엄홍길은 이제 다른 산에 도전하고 있어요. 또 '엄홍길 휴먼 재단'을 만들어 네팔 사람들을 위해 학교와 병원을 짓고, 히말라야산맥을 오를 때 도움을 주었던 네팔 사람들의 가족도 돕고 있어요.

산악인

엄홍길

대한민국(1960~)

우리나라의 산악인. 세계 최초로 히말라야 산맥에 위치한 8,000미터 이상의 16개 봉우리를 오르는 데 성공함. 재단을 설립하여 네팔에 학교와 병원을 짓는 사업을 함.

1960	1988	2000	2007	2008
경상남도에서 태어남.	에베레스트산 등반에 성공함.	히말라야 8,000미터 '14좌' 등반에 성공함.	로체샤르산 등정으로 '16좌' 등반에 성공함.	엄홍길 휴먼 재단을 만듦.

1 글을 읽고, 빈칸에 알맞은 말을 쓰세요.

엄홍길은 [| | | | |]에서 8,000미터가 넘는 봉우리 16개를 모두 등정하는 데 도전하기로 마음먹었어요.

2 엄홍길이 히말라야산맥을 등반할 때 가장 먼저 도전한 산을 고르세요. (　　　)

① 안나푸르나산　② 에베레스트산
③ 로체샤르산　④ K2

3 엄홍길이 세계 최초로 히말라야산맥 16개 봉우리 등반에 성공한 이유가 아닌 것을 고르세요. (　　　)

① 처음부터 오르기 쉬운 낮은 산을 올라서
② 여러 번 도전하고 실패하면서도 포기하지 않아서
③ 8,000미터 넘는 봉우리를 하나씩 오르면서 자신감이 생겨서
④ 자만하지 않고 겸손한 태도로 산을 올라서

4 엄홍길이 네팔 사람들을 돕기 위해 만든 재단의 이름을 쓰세요.

[| |] [|] [|]

어휘 풀이

- **히말라야산맥** 아시아 대륙의 남부에 위치한 산맥으로. 8,000미터가 넘는 봉우리들이 많음.
- **등정** 산의 꼭대기에 오름.
- **셰르파** 히말라야 등반 대원들의 짐을 나르고 길을 안내하는 사람들.
- **등반** 험한 산이나 높은 곳의 정상에 이르기 위하여 오름.
- **정복** 다루기 어렵거나 힘든 대상 따위를 뜻대로 다룰 수 있게 됨.

독해력 완성하기

먼저 21~25일차의 지문을 한 번씩 읽은 다음 문제를 풀어 보세요.

(24일차)

1 다음 밑줄 친 낱말과 뜻이 반대인 것을 고르세요. (　　　　)

> 베르타는 벤츠가 만든 자동차로 장거리 여행에 성공해서, 사람들에게 자동차의 장점을 확인시켜 주었지요.

① 차이점　② 특이점　③ 단점　④ 유사점

(22일차)(23일차)(25일차)

2 다음 설명과 관련 있는 인물을 찾아 줄로 이으세요.

한국인 최초로 올림픽 대회에서 금메달을 땄어요. •	• 엄홍길
세계 최초로 히말라야산맥의 16개 봉우리를 등반하는 데 성공했어요. •	• 최무선
우리나라 최초로 화약을 발명했고, 화약 무기로 왜구의 침입을 막아 냈어요. •	• 손기정

(24일차)

3 다음 글을 읽고, 해당하는 인물이 누구인지 고르세요. (　　　　)

> • 학교를 졸업한 뒤에 공장을 세워 기계를 직접 만들었어요.
> • 증기 자동차 엔진보다 가볍고 힘이 좋은 가솔린 엔진을 만들었어요.
> • 가솔린 엔진을 장착한 세 바퀴 자동차를 발명했어요.

① 에디슨　② 브라유
③ 벤츠　④ 라이트 형제

22일차

4 다음 밑줄 친 ㉠~㉣ 중 중심 문장으로 알맞은 것을 고르세요. (   )

> ㉠최무선은 화약이 숯, 유황, 염초를 섞어 만든다는 것을 알게 되었어요. ㉡숯과 유황은 우리나라에서 쉽게 구할 수 있었지만, 염초는 구하기가 쉽지 않았어요. ㉢최무선은 중국 사람에게 화약 만드는 방법을 배우기 위해 중국 상인들이 많이 오가는 벽란도로 갔어요. 그곳에서 이원이라는 중국 상인을 만나 흙에서 염초를 추출하는 방법을 어렵게 알아냈어요. ㉣그리고 그는 수많은 실험 끝에 마침내 화약을 만드는 데 성공했어요.

25일차

5 다음 글을 읽고, 빈 곳에 알맞은 말을 쓰세요.

> 엄홍길은 세계에서 가장 높은 봉우리인 에베레스트산부터 도전했어요. 하지만 첫 번째, 두 번째 도전 모두 ________ 했어요. 그래도 엄홍길은 포기하지 않았고, 세 번째 도전 끝에 에베레스트산 등정에 ________ 했어요.

5주

매체 활용

21일차

6 다음 역사 체험 학습 보고서를 읽고, 틀린 내용을 고르세요. (   )

• 역사 체험 학습 보고서 •

체험 일시: ○○○○년 ○○월 ○○일

체험 주제: 경주 첨성대

체험 내용: 첨성대는 현재 세계에 남아 있는 천문대 중에서 가장 오래된 천문대이다. 옛날에는 하늘의 움직임을 살피는 천문 관측을 나라의 운명을 점치는 것으로 여겼기 때문에 국가적으로 큰 관심사였다고 한다.

느낀 점: 신라 시대에 만든 첨성대를 눈으로 직접 보니 놀라웠다. 이번 기회에 신라 역사와 친해져서 기쁘다.

① 체험 주제는 '경주 첨성대'이다.

② 첨성대는 현존하는 천문대 중에서 가장 오래된 천문대이다.

③ 글쓴이는 신라 시대에 만든 첨성대를 눈으로 직접 보니 놀라웠다고 했다.

④ 옛날에는 천문 관측을 개인의 운명을 점치는 것으로 여겼다.

인물 갤러리

세계 최초의 여왕은 누구일까?

▲ 핫셉수트 여왕의 장례 사원

우리나라 최초의 여왕은 선덕 여왕이지? 세계 최초의 여왕은 이집트의 핫셉수트라고 해. 핫셉수트는 이집트 제18 왕조의 다섯 번째 파라오야. '파라오'는 '큰 집'이라는 뜻으로, 고대 이집트의 왕을 부르는 말이야. 당시에는 핫셉수트의 어린 조카가 왕위에 올랐는데, 핫셉수트가 어린 왕을 대신해서 22년간 나라를 다스렸어. 이집트에서는 남자만 파라오가 될 수 있었기 때문에 핫셉수트는 수염을 달고 남자처럼 변장해야 했어. 핫셉수트는 거대한 사원을 지었는데, 사원의 벽화에는 핫셉수트가 다스리던 기간에 일어난 사건들이 자세하게 기록되어 있어. 아주 오랜 시간 동안 모래 속에 파묻혀 있다가 현대에 와서야 발견되었지.

손기정은 왜 월계수 나무로 일장기를 가렸을까?

▲ 시상대에 서 있는 손기정

손기정은 1936년, 베를린에서 열린 올림픽 마라톤 경기에서 신기록을 세우며 한국인 최초로 금메달을 땄어. 하지만 가슴에 일장기를 달고 일본의 국가 대표로 출전한 손기정은 1등으로 결승선을 통과한 뒤에 기뻐하지 않았어. 경기장에 일장기가 올라가고 일본 국가가 울려 퍼지는 동안 월계관을 쓴 손기정은 시상대에서 고개를 들 수 없었어. 우리나라를 빼앗은 일본에 영광을 안겨 주었다는 사실이 슬펐기 때문이야. 그래서 손기정은 만세도 부르지 않고 손에 들고 있던 월계수 나무로 가슴 부분의 일장기를 가렸어. 그의 애국심이 드러나는 대목이야.

최초로 자동차 장거리 여행에 성공한 베르타 벤츠

▲ 베르타 벤츠

자동차 발명가 벤츠의 인생에서 빼놓을 수 없는 한 사람이 있어. 바로 벤츠의 아내 베르타야.

벤츠가 발명한 자동차의 속도가 빠르지도 않고, 언덕도 넘지 못하자 사람들은 그가 만든 자동차에 관심을 거두었지. 벤츠는 크게 실망하며 자동차 개발하는 일을 망설였어.

그때, 베르타는 벤츠가 만든 자동차를 타고 독일 만하임에서부터 어머니 집이 있는 포르츠하임까지 106킬로미터를 직접 운전해서 가기로 했어. 여자가 자동차를 직접 운전하여 장거리를 여행하면 사람들이 벤츠가 발명한 자동차의 성능을 믿을 거라고 생각한 거야. 베르타는 어린 두 아들을 차에 태우고 목적지로 출발했어. 그런데 하이델베르크를 지나 누슬로흐쯤 도착했을 때 연료가 떨어지고 말았어. 베르타는 급하게 연료를 사서 자동차에 넣었어. 여행 도중에 자동차가 문제를 일으킬 때도 있었지만, 그때마다 베르타는 기지를 발휘해 재빨리 문제를 해결했어. 머리핀을 뽑아 막힌 연료 주입구를 뚫기도 하고, 여러 장치들을 연결한 벨트가 닳아 제대로 작동하지 않으면 스타킹으로 묶어 고정시키기도 했어. 평소에 남편을 도와 기계를 다루면서 알게 된 것들이었지. 우여곡절은 있었지만, 베르타는 무사히 포르츠하임에 도착했어.

베르타의 이 여행은 최초의 자동차 장거리 여행으로 기록되어 있어. 그리고 이를 기념하기 위해서 만하임과 포르츠하임을 연결하는 도로에 베르타의 이름이 붙었고, 지금까지도 자동차를 좋아하는 사람들이 꼭 한번 달리고 싶은 길로 손꼽고 있어.

▲ 벤츠(1885년)

1일 1독해

1일 1독해

1일 1독해